Coleção Espírito Crítico

RUA DE MÃO ÚNICA

Coleção Espírito Crítico

Conselho editorial:
Alfredo Bosi
Antonio Candido
Augusto Massi
Davi Arrigucci Jr.
Flora Süssekind
Gilda de Mello e Souza
Roberto Schwarz

Walter Benjamin

RUA DE MÃO ÚNICA

Tradução
Rubens Rodrigues Torres Filho

Organização e introdução
Jeanne Marie Gagnebin

Textos em apêndice
Asja Lacis, Siegfried Kracauer, Ernst Bloch e Theodor W. Adorno

Livraria
Duas Cidades

editora 34

Editora 34 Ltda.
Rua Hungria, 592 Jardim Europa CEP 01455-000
São Paulo - SP Brasil Tel/Fax (11) 3811-6777 www.editora34.com.br

Copyright © Editora 34 Ltda., 2023
Tradução © Rubens Rodrigues Torres Filho, 1987

A fotocópia de qualquer folha deste livro é ilegal e configura uma apropriação indevida dos direitos intelectuais e patrimoniais do autor.

Imagem da capa:
Páginas internas da 1ª edição de Einbahnstrasse, *de Walter Benjamin, com projeto gráfico de Sasha Stone, 1928*

Capa, projeto gráfico e editoração eletrônica:
Franciosi & Malta Produção Gráfica

Revisão:
Milton Ohata, Beatriz de Freitas Moreira

1ª Edição - 2023

CIP - Brasil. Catalogação-na-Fonte
(Sindicato Nacional dos Editores de Livros, RJ, Brasil)

B241r
Benjamin, Walter, 1892-1957
Rua de mão única / Walter Benjamin; tradução de Rubens Rodrigues Torres Filho; organização e introdução de Jeanne Marie Gagnebin; textos em apêndice de Asja Lacis, Siegfried Kracauer, Ernst Bloch e Theodor W. Adorno — São Paulo: Duas Cidades; Editora 34, 2023 (1ª Edição).
168 p. (Coleção Espírito Crítico)

ISBN 978-65-5525-155-5

Tradução de: Einbahnstrasse

1. Ensaio alemão. I. Torres Filho, Rubens Rodrigues. II. Gagnebin, Jeanne Marie. III. Lacis, Asja (1891-1979). IV. Kracauer, Siegfried (1889-1966). V. Bloch, Ernst (1885-1977). VI. Adorno, Theodor W. (1903-1969). VII. Título. VIII. Série.

CDD - 834

Índice

Introdução, *Jeanne Marie Gagnebin* 7

Rua de mão única 31

Apêndice

Nápoles, *Asja Lacis e Walter Benjamin* 109
Capri 1924 — Benjamin — "Nápoles", *Asja Lacis* 123
Sobre os escritos de Walter Benjamin,
    Siegfried Kracauer 133
A forma de revista na filosofia, *Ernst Bloch* 141
Rua de mão única de Walter Benjamin,
    Theodor W. Adorno 147

Sobre os textos 155
Sobre o autor 157
Sobre Germaine Krull, Sasha Stone e Asja Lacis 162
Índice dos textos de Rua de mão única 165

Walter Benjamin em Paris, em 1927,
fotografia de Germaine Krull.

Introdução

Jeanne Marie Gagnebin

Em 1928, um ano antes da quebra da Bolsa de Nova York e início da Grande Depressão, são publicados dois livros de Walter Benjamin: uma pequena sequência de *Denkbilder* ("imagens de pensamento"), intitulada *Einbahnstrasse* (*Rua de mão única*); e um volume denso, com muitas páginas, *Ursprung des deutschen Trauerspiels* (*Origem do drama barroco alemão*, na tradução de Sergio Paulo Rouanet,[1] ou *Origem da drama trágico alemão*, na de João Barrento).[2]

A presente edição optou por republicar a tradução de *Rua de mão única* feita por Rubens Rodrigues Torres Filho[3] e incluir cinco pequenos textos conexos: um texto escrito a quatro mãos, "Nápoles", redigido por Asja Lacis e Benjamin a partir de uma viagem que fizeram juntos para essa cidade; um capítulo da autobiografia

---

[1] Walter Benjamin, *Origem do drama barroco alemão*, São Paulo, Brasiliense, 1985.

[2] Walter Benjamin, *Origem do drama trágico alemão*, Lisboa, Assírio & Alvim, 2004. A mesma tradução foi editada no Brasil pela editora Autêntica, de Belo Horizonte, em 2011.

[3] Originalmente publicada em Walter Benjamin, *Obras escolhidas II — Rua de mão única*, São Paulo, Brasiliense, 1987.

de Lacis, *Revolutionär im Beruf*,[4] no qual a autora conta seu encontro com Benjamin, fala discretamente desse amor e mais detalhadamente de suas numerosas discussões e disputas; e, enfim, três resenhas, respectivamente de Siegfried Kracauer, de Ernst Bloch e de Theodor W. Adorno. Assumo a escolha desses textos como homenagem à presença de Asja Lacis, essa bela e inteligente militante, cuja influência duradoura no pensamento de Benjamin foi minimizado, de várias formas, tanto por Gershom Scholem quanto por Adorno.

Rua de mão única e *Origem do drama barroco alemão* são textos tão diferentes que, à primeira vista, um leitor incauto poderia pensar que foram escritos por dois indivíduos distintos, não estivesse o nome do mesmo autor na capa de ambos. Uma leitura mais cuidadosa pode encontrar paralelos, como veremos. Na verdade, essa diferença assinala um momento importante, uma virada na vida de Benjamin, que deixa de ser um aspirante à vida acadêmica; como se sabe, o livro sobre o drama barroco foi entregue para ser julgado como tese de livre-docência na Universidade de Frankfurt, na disciplina de Estética da Faculdade de Filosofia. O titular da cadeira, Hans Cornelius, achou o texto incompreensível e o passou a seu assistente, Max Horkheimer (!), que confirmou essa dificuldade. Benjamin foi, então, aconselhado a renunciar à apresentação do trabalho para não sofrer o vexame da reprovação. Uma conclusão

---

[4] Asja Lacis, *Revolutionär im Beruf: Berichte über proletarisches Theater, über Meyerhold, Brecht, Benjamin und Piscator* [Revolucionária por profissão: relato sobre o teatro proletário, sobre Meyerhold, Brecht, Benjamin e Piscator], Munique, Rogner & Bernhard, 1971 (cito aqui a edição ampliada de 1976). Esse capítulo sobre Benjamin foi em parte traduzido por João Barrento nas notas à sua tradução de *Ursprung des deutschen Trauerspiels*.

Introdução

a tirar desse episódio, afora a mediocridade do *Betrieb*[5] acadêmico alemão da época, também pode ser a hipótese de que Benjamin colocou conscientemente à prova as limitações universitárias, escrevendo uma competente paródia de pesquisa erudita[6] para melhor testar a estreiteza dessa prática tradicional e opor uma desconstrução ousada, supremamente subversiva, à historiografia acadêmica que então vigia. Quero dizer que Benjamin sabia do risco e optou por corrê-lo, o que também testemunha sua ambiguidade em relação à carreira universitária.

Nesse contexto, a redação e a publicação de *Rua de mão única* também podem assinalar o início de uma mudança na vida, no pensamento e na escrita de Benjamin, um início que responde e corresponde ao cansaço diante das disciplinas universitárias vigentes. Cansaço antigo que, por contraste, o encontro com a energia erótica e política de Asja Lacis só reforça. Basta pensar, por exemplo, no texto de Benjamin sobre *As afinidades eletivas* de Goethe para vislumbrar sua oposição à "germanística" dominante — nesse caso, à figura do "papa da germanística" da época, Friedrich Gundolf.[7]

---

[5] *Betrieb*, do verbo *treiben*, empurrar, dar um impulso (*Trieb*) ou um empurrão. Literalmente, funcionamento de uma máquina, por extensão e num sentido muitas vezes pejorativo, "empresa", "empreendimento".

[6] Ver sua carta a Gershom Scholem de 19 de fevereiro de 1925, em que Benjamin compara a introdução ao livro sobre o drama barroco a uma "*masslose Chupze*", isto é, uma "impertinência desmedida", sendo que *Chupze* é uma palavra ídiche. In: Walter Benjamin, *Gesammelte Briefe III, 1925-1930*, Frankfurt, Suhrkamp, 1997, p. 14.

[7] Ver a este respeito o excelente verbete de Burkhardt Lindner, "Goethes *Wahlverwandtschaften*. Goethe im Gesamtwerk", in Burkhardt Lindner (org.), *Benjamin-Handbuch*, Stuttgart, J. B. Metzler, 2006.

Concebido no início para ser só uma "plaqueta de pequenos textos", publicada às expensas do próprio autor exclusivamente para seus amigos,[8] *Rua de mão única* se transforma numa sequência de 60 textos, curtos ou mais longos, que podem muito bem mimetizar os dois lados de uma rua berlinense — de um lado os números 1 a 30 e do outro 31 a 60 (a numeração das casas na cidade obedece muitas vezes a esse tipo de ordem, e não à de edifícios pares e ímpares). Bernd Witte vê assim correspondências entre os números 1 ("Posto de gasolina") e 31 ("Antiguidades") como os lados opostos da mesma rua, um emblema da técnica moderna de um lado, um acúmulo de coisas antigas do outro.[9] É possível. Mais relevante me parece ser sua observação sobre o lugar central ocupado pelas seis miniaturas cuja forma contrasta com o título "Ampliações" e que tratam da criança, miniaturas retomadas, bem mais tarde, no livro *Infância em Berlim*.

Witte também nota que o livro de Benjamin se situa, pelo menos na data de sua primeira publicação, entre *O camponês de Paris* (1926), de Louis Aragon, e *Berlin Alexanderplatz* (1929), de Alfred Döblin. Três livros cuja personagem principal é a grande cidade moderna em seu movimento de destruição do antigo e de construção de novos templos (que também serão destruídos no futuro), destinados a expor e vender sonhos, espetáculos e mercadorias, na sua dinâmica de "fantasmagorias" produzidas pelo capitalismo. Benjamin leu os dois primeiros capítulos de *O camponês de Paris* — "Prefácio a uma mitologia moderna" e "A passagem da Ópera" — já em 1925, nos números da *Revue Européenne*, antes da

---

[8] Ver carta de Benjamin a Scholem de 22 de dezembro de 1924.

[9] Bernd Witte, "Walter Benjamins *Einbahnstrasse* zwischen 'Le passage de l'Opéra' und *Berlin Alexanderplatz*", in Uwe Steiner (org.), *Memoria. Walter Benjamin 1892-1940*, Nova York/Paris/Viena, Peter Lang, 1992.

Capa e projeto gráfico de Sasha Stone para a 1ª edição
de *Einbahnstrasse* (*Rua de mão única*), de Walter Benjamin
(Berlim, Ernst Rowohlt Verlag, 1928).

publicação do próprio livro. Ele ressalta o impacto do livro de Aragon numa carta a Adorno, em 31 de maio de 1935, apontando o quanto inspiraram o projeto das *Passagens*, e, podemos dizer também, a célula germinativa das *Passagens* constituída por *Rua de mão única*. Assim, muitos dos temas e das técnicas desse livro-chave do surrealismo, a transformação incessante da cidade, as andanças ao léu, os choques dos encontros e do trânsito (uma temática já decisiva em Charles Baudelaire), a irrupção, no corpo do texto, da publicidade, de propagandas ou de placas, de anúncios de todo tipo, tudo isso intervém, muitas vezes em caracteres tipográficos estranhos ao curso tranquilo da prosa autoral. Montagem e colagem interrompem o fluxo da narrativa como nos textos emblemáticos dos surrealistas franceses, aos quais Benjamin consagra um ensaio importante que será publicado um ano depois de *Rua de mão única*, "O surrealismo: o último instantâneo da inteligência europeia".[10]

Como nota Karlheinz Barck, em seu belo verbete sobre a questão do surrealismo em Benjamin, não se trata neste ensaio de fazer uma história do surrealismo, mas de enumerar "*Bausteine einer Theorie der Erfahrung*" ("tijolos de uma teoria da experiência").[11] Aos tijolos dessa (nova) experiência corresponde o entulho dos canteiros de obra, onde destruição e construção são dificilmente distinguíveis. Assim como, no "romance" de Döblin, que retoma muitos elementos dessas técnicas de montagem, a Alexanderplatz do título vive em obras que atrapalham a circulação, mas também oferecem nas ruínas esconderijos a "marginais" como Biberkopf, o

---

[10] Walter Benjamin, *Obras escolhidas I — Magia e técnica, arte e política*, trad. Sergio Paulo Rouanet, São Paulo, Brasiliense, 1985, p. 21.

[11] B. Lindner (org.), *Benjamin-Handbuch, op. cit.*, p. 391.

"herói" desse estranho livro, cujo nome, aliás, lembra o castor (*Biber-Kopf*, cabeça de castor), esse infatigável bicho construtor. Estranho livro ao qual Benjamin dedicou uma resenha intitulada, justamente, "A crise do romance", de 1930.[12]

Bernd Witte afirma, com razão, que esses três livros — *O camponês de Paris, Rua de mão única* e *Berlin Alexanderplatz* — manifestam, de fato, uma crise da narrativa tradicional. Não há mais um herói positivo, mas é a rua, o coletivo, a cidade que tomam a palavra. Não há mais um narrador onisciente, mas um pedestre, um transeunte (menos contemplativo e ocioso que o *flâneur*),[13] entregue aos estímulos visuais da rua e das propagandas, ao barulho do trânsito e dos gritos, que tropeça e esbarra em outros pedestres ou em obstáculos. A presença do surrealismo em *Rua de mão única*, enfatizada na resenha de Ernst Bloch adiante reproduzida, não significa, portanto, somente a influência de uma corrente literária no sentido restrito. Assinala, muito mais, uma transformação da experiência na vida de Benjamin, transformação sensível, existencial e política.

Nesse momento intervém, sem dúvida, a figura fundamental de Asja Lacis, a quem o livro é dedicado numa bela metáfora construtivista: "*Diese Strasse heisst ASJA-LACIS-STRASSE nach der die sie als Ingenieur im Autor durchbrochen hat*" ("Esta rua chama-se RUA ASJA LACIS, em homenagem àquela que, na qualidade de engenheiro, a rasgou dentro do autor"). De maneira incompreensível (ou vergonhosa?), Adorno excluiu essa dedicatória na edição

---

[12] "A crise do romance: sobre *Alexanderplatz*, de Döblin", in W. Benjamin, *Obras escolhidas I — Magia e técnica, arte e política, op. cit.*, p. 54.

[13] *O camponês de Paris* talvez seja ainda uma tentativa de *flânerie*, notadamente noturna. A esse respeito, ver o verbete de Gérard Raulet, "*Einbahnstrasse*", in B. Lindner (org.), *Benjamin-Handbuch, op. cit.*, pp. 369 ss.

do primeiro volume de textos reunidos de Benjamin, em 1966.[14] Felizmente, a dedicatória foi restabelecida nas edições seguintes. Gershom Scholem igualmente minimiza a importância de Asja na evolução política e intelectual do seu amigo, ou melhor, só a reconhece para deplorá-la, atribuindo a essa *"femme fatale"* a guinada de Benjamin para o marxismo e o comunismo, em outras palavras, seu afastamento do judaísmo e de um eventual projeto, arquitetado por Scholem, de uma emigração para a Palestina.[15] Por razões diferentes — Adorno porque vislumbra o vulto de Brecht atrás de Asja, Scholem porque perde um companheiro em Jerusalém —, esses dois amigos de Benjamin parecem não conseguir admitir que uma mulher seja não só objeto de amor e de paixão, mas que também possa ser um sujeito político e intelectual cuja convivência transforma a vida do seu amante.

O próprio Walter Benjamin, cujas posições não têm em geral nada de feministas, percebe no entanto, muito claramente, essa transformação em sua vida. Num diário escrito no sul da França em maio de 1931 — após sua infeliz viagem a Moscou em busca de Asja e de um comunismo não dogmático; após se divorciar, em 1930, de sua mulher Dora; e após uma primeira estada mais longa em Paris —, Benjamin, pressentindo o exílio e a miséria por vir, menciona seu enorme cansaço e alude à intenção de cometer um suicídio. Na noite de 6 de maio, relata uma longa conversa com

---

[14] Walter Benjamin, *Gesammelte Schriften I*, Frankfurt, Suhrkamp, 1966. O esquecimento provocou uma polêmica na revista *Alternative*, nº 56-57 (1967) e 59-60 (1968), e, de maneira mais ampla na Alemanha Ocidental, entre uma leitura mais "esquerdizante" e outra mais "idealista" dos textos de Benjamin.

[15] Gershom Scholem, *Walter Benjamin: a história de uma amizade*, trad. Geraldo Gerson de Souza, Natan Norbert Zins e Jacó Guinsburg, São Paulo, Perspectiva, 1989, especialmente o capítulo 5, "Confiança à distância (1924-1926)".

seus companheiros de viagem, seu primo Egon Wissing e sua esposa Gert:

> Falou-se sobre experiências no amor e, no decorrer da conversa, me ficou claro pela primeira vez que, quando um grande amor me arrebatava com violência, eu me transformava tão profunda e fortemente que ficava muito admirado em ter que me dizer: o homem que disse coisas tão imprevisíveis e que se conduziu de maneira tão inesperada, esse homem sou eu. [...] — essa experiência se realizou com a maior intensidade na minha relação com Asja [Lacis], de tal forma que é somente nesse momento que descobri muito em mim mesmo. [...] Conheci três mulheres diferentes na minha vida e três homens diferentes em mim.[16]

Nessa declaração lúcida, Benjamin não idealiza as mulheres amadas, mas lhes dá uma força de revelação da própria alteridade em si mesmo. Graças à violência (um termo forte em alemão, *Gewalt*) de Eros, ele descobre em si outro homem, nem somente o sábio rabínico segundo Scholem, nem somente o dialético teológico segundo Adorno, ousaríamos talvez afirmar. Assim também, a dedicatória para Asja em *Rua de mão única*, longe de ser uma de-

---

[16] W. Benjamin, *Gesammelte Schriften VI*, Frankfurt, Suhrkamp, 1985, p. 427. Benjamin se refere provavelmente à sua mulher, Dora Sophie Pollak (a quem dedica o livro sobre o drama barroco alemão), a Jula Cohn (a quem dedica o ensaio sobre *As afinidades eletivas* de Goethe) e a Asja Lacis, a quem dedica *Rua de mão única*. Podemos notar que Benjamin conhecerá ainda outras mulheres significativas, como a pintora holandesa Anne Marie Blaupot ten Cate, em 1933 na ilha de Ibiza.

claração romântica, revela a amada como a engenheira que "rasgou" uma nova rua no autor. Homenagem ao caráter decidido de Asja, sem dúvida. Essa militante comunista dirigiu teatros de trabalhadores e de crianças proletárias em Riga, Moscou e Munique, onde foi assistente de Brecht. Apesar de sua coragem, ou talvez por causa dela, foi denunciada como "nacionalista burguesa" — nacionalista porque continuava apostando no seu trabalho na Letônia e burguesa porque continuava apostando no teatro de vanguarda, como o de Meyerhold — e passou dez anos num campo stalinista, de 1938 a 1948. Voltou para Riga e, até a sua morte, continuou sua militância comunista e seu trabalho com o teatro.[17] Não por acaso, as cidades de Moscou, Riga e Nápoles, onde Benjamin esteve em companhia de Asja, são tematizadas ao lado de Berlim e Paris em *Rua de mão única*. O título do livro alude também à possibilidade de uma nova direção na vida de Benjamin, que a imagem da "rua" sem volta, porque de mão única, ilustra.

Com efeito, há diversas maneiras de entender esse intrigante título. Proponho uma leitura que leva em consideração um dos textos mais críticos dessa série de *Denkbilder* (ou "imagens de pensamento"), intitulado, de maneira irônica, "Panorama imperial", com o subtítulo "Viagem através da inflação alemã". Os editores da correspondência do autor de *Rua de mão única* estabelecem uma relação hipotética, mas verossímil, com uma carta de Benjamin a seu amigo Florens Christian Rang, em 24 de fevereiro de 1923, na

---

[17] Sobre Asja Lacis pode-se ler sua curta "autobiografia", *Revolutionär im Beruf, op. cit.*; também in B. Lindner (org.), *Benjamin-Handbuch, op. cit.*, pp. 346-7; em espanhol, o artigo no *El País* digital, "El teatro es un arma peligrosa", de Virginia Martínez: <http://historico.elpais.com.uy/Suple/Cultural/ 07/06/15/cultural_286267.asp>; e por fim, a tese de doutorado de Lígia M. C. S. Cortez, *De Asja Lacis à Casa do Teatro: teoria e práticas do teatro com e para crianças*, FFLCH--USP, 2018.

qual o primeiro fala de seu desespero diante da situação alemã: "Esses últimos dias de viagem pela Alemanha me levaram novamente a uma margem de desesperança e me deixaram ver o fundo do abismo".[18] O abismo da inflação e da miséria que se abatem sobre a Alemanha humilhada pela derrota da Primeira Guerra é o pano de fundo desse texto, altamente profético em relação ao sucesso do fascismo. Benjamin já fala em 1923-24 (antes de conhecer Asja, portanto!) da catástrofe que evocará nas teses "Sobre o conceito da história", em particular da ilusão que consiste em afirmar que a situação não pode continuar assim e piorar ainda mais. Relendo hoje esse texto central da *Rua de mão única*, não consigo deixar de fazer várias associações com a situação pela qual passamos de 2016 a 2022 no Brasil. Por isso, permitam-me algumas citações mais longas:

> I. No tesouro daqueles modos de falar com os quais se trai cotidianamente o modo de vida do burguês alemão, composto de um amálgama de estupidez e de covardia, o de catástrofe iminente — já que "assim não pode mais continuar" — é particularmente digno de reflexão. A desamparada fixação a representações de segurança e de posse dos decênios passados impede o homem médio de aperceber-se das estabilidades extremamente notáveis, de espécie inteiramente nova, que estão no fundamento da situação presente. Como a relativa estabilização dos anos de pré-guerra o favorecia, ele acredita que tem de encarar como instável todo estado que o desapossa. Mas relações estáveis não precisam nunca e em tempo algum ser relações agradáveis e já

---

[18] Walter Benjamin, *Gesammelte Briefe II, 1919-1924*, Frankfurt, Suhrkamp, 1996, pp. 317-8.

antes da guerra havia camadas para as quais as relações estabilizadas eram a miséria estabilizada. [...]

III. Todas as relações humanas mais próximas são atingidas por uma claridade penetrante, quase insuportável, na qual mal conseguem resistir. Pois, uma vez que, por um lado, o dinheiro está, de modo devastador, no centro de todos os interesses vitais e, por outro, é exatamente este o limite diante do qual quase toda relação humana fracassa, então desaparece, cada vez mais, assim no plano natural como no ético, a confiança irrefletida, o repouso e a saúde. [...]

V. [...] Mas nunca é lícito a alguém firmar sua paz com a pobreza quando ela cai como uma sombra gigante sobre seu povo e sua casa. Ele [o indivíduo] deve, então, manter seus sentidos vigilantes para cada humilhação que lhes é infligida e mantê-los disciplinados até que seu sofrimento tenha trilhado, não mais a ladeirenta rua da amargura, mas o caminho ascensional da revolta.[19]

A partir desse texto, proponho pensar que *Rua de mão única* tenta uma alternativa a essa rua que Benjamin chama de "ladeirenta rua da amargura" e à qual opõe o "caminho ascensional da revolta" (em alemão: "*die abschüssige Strasse des Grams*", isto é, a ladeira abaixo da amargura, da mágoa, em oposição ao caminho ascensional da revolta, "*den aufsteigenden Pfad der Revolte*").[20] Na edição crítica alemã, uma variante anterior fala da "ladeirenta rua do ódio"

---

[19] Walter Benjamin, *Rua de mão única*, trad. Rubens Rodrigues Torres Filho. Nesta edição, pp. 44-7.

[20] W. Benjamin, *Gesammelte Schriften IV-1*, Frankfurt, Suhrkamp, 1972, p. 97.

e do "caminho ascensional da oração",[21] uma oposição bem menos política que aquela expressão da edição de 1928!

Se minha hipótese for válida, *Rua de mão única* configuraria uma reação literária, filosófica e política ao desânimo que o desastre da República de Weimar provoca em Benjamin. E o encontro com Asja certamente contribui sobremaneira para essa reação. Com sua discrição costumeira, Benjamin comenta numa carta a Scholem em julho de 1924, escrita de Capri:

> [...] o que se passou não foi certamente bom para o meu trabalho ameaçadoramente interrompido [Benjamin evoca a redação de sua tese de *Habilitation* sobre o drama barroco alemão], não foi também talvez bom para aquele ritmo de vida burguês indispensável a um trabalho como este; mas foi com certeza o melhor para uma libertação vital e para a experiência intensa da atualidade de um comunismo radical. Conheci uma revolucionária russa de Riga, uma das mulheres mais notáveis que encontrei até hoje.[22]

Intensidade política e comunista mais libertação vital e erótica ficam, a partir do encontro com Asja, intimamente ligadas, como aliás o último texto da *Rua de mão única*, "A caminho do planetário", o proclama, numa imagem cosmológica, ecológica e erótica de uma transformação só possível graças à "potência do prole-

---

[21] W. Benjamin, *Gesammelte Schriften IV-2*, Frankfurt, Suhrkamp, 1972, p. 931: "*die abschüssige Strasse des Hasses sondern den aufsteigenden Pfad des Gebetes*".

[22] Walter Benjamin, *Origem do drama trágico alemão*, trad. João Barrento, Belo Horizonte, Autêntica, 2011, p. 285. Na edição das *Gesammelte Briefe II*, *op. cit.*, p. 473.

tariado". O vocabulário de Benjamin pode soar antiquado. O que ele certamente aprendeu em Capri, graças à paixão por Asja, é que a felicidade individual e erótica caminha junto com a libertação política e coletiva, isto é, que a separação entre felicidade privada e felicidade coletiva é uma das piores armadilhas do pensamento dominado pela lógica capitalista.

Assim, a nova rua mostra, como diz Jean Lacoste,[23] as "ruínas da burguesia, as mercadorias", num gesto próximo ao de Louis Aragon ou de André Breton, mesmo que pareça, à primeira vista, ser de encantamento com a exposição nas vitrines dessa "monstruosa coleção de mercadorias",[24] um gesto que também denuncia esse acúmulo de coisas destinado de qualquer maneira à perda, muitas vezes por sua inutilidade, pela inflação. Gesto exemplar que o trabalho das *Passagens* ampliará. O pedestre caminha entre lojas de luvas, de mercadorias chinesas, de armas, de papelaria, de selos ou de relógios, mas não se demora, ofuscado pelos anúncios luminosos, barrado no seu trajeto pelas obras de escavação ou pelo entulho. Há uma analogia entre esse caminhar que esbarra em obstáculos e a escritura que o descreve: a ambos fica proibida a tranquilidade da contemplação que, outrora, era condição imprescindível da escrita, ou como diz Benjamin na sua carta a Scholem, "[d']aquele ritmo de vida burguês indispensável a um trabalho como este", isto é, a um trabalho de escrita de um texto acadêmico que possa ser útil à progressão na carreira universitária. As forças conjuntas da destruição e da construção capitalista, tão visíveis nes-

---

[23] "Introdução", in Walter Benjamin, *Sens unique*, col. 10/18, Paris, Les Lettres Nouvelles, 1988, p. XIV.

[24] "Eine ungeheuere Warensammlung", como o diz Karl Marx no início de *O Capital*.

ses quarteirões de ruas onde ruínas e edificação de novos empreendimentos se confundem, essas forças exigem outro tipo de atividade crítica e literária que Benjamin evoca no primeiro texto de *Rua de mão única*, intitulado "Posto de gasolina":

> A atuação literária significativa só pode instituir-se em rigorosa alternância de agir e escrever; tem de cultivar as formas modestas, que correspondem melhor a sua influência em comunidades ativas que o pretensioso gesto universal do livro, em panfletos, brochuras, artigos de jornal e cartazes. Só essa linguagem de prontidão mostra-se atuante à altura do momento.[25]

Essa defesa de uma escrita militante, de panfletos, *samizdats*, artigos de jornais e, quem sabe, pichações nos muros, essa defesa volta várias vezes nos textos de Benjamin. Para falar a verdade, mais do que na sua prática como escritor. Scholem devia adivinhar aqui, horrorizado, a sombra de Asja, e Adorno a de Brecht. Mas não esqueçamos o título: "Posto de gasolina", como se esse tipo de escrita fosse certamente o combustível necessário ao carro — e no entanto ele ainda não descreve a complexidade da viagem. E *Rua de mão única* leva a modos de escrever diferentes dos praticados pelo militante que distribui panfletos na porta das fábricas, como Jean-Paul Sartre com *La Cause du Peuple* (jornal maoista dos anos 1970). Várias outras figuras de escritor atravessam essa rua, a maior de todas sendo aquela vista no belo sonho de Benjamin, evocado já no início dela, no seu primeiro quarteirão por assim dizer, número 113:

---

[25] Nesta edição, p. 33.

Sala de refeições
Em um sonho vi-me no gabinete de trabalho de Goethe. Não tinha semelhança nenhuma com o de Weimar. Antes de tudo, era muito pequeno e tinha só uma janela. À parede defronte a ela encostava-se a mesa de escrever pelo seu lado estreito. Diante dela estava sentado, escrevendo, o poeta em avançadíssima idade. Mantive-me ao lado, quando ele se interrompeu e me deu de presente um pequeno vaso, um vasilhame antigo. Girei-o nas mãos. Um monstruoso calor reinava no aposento. Goethe levantou-se e entrou comigo no cômodo ao lado, onde uma longa mesa estava posta para minha parentela. Parecia, porém, calculada para muito mais pessoas do que esta contava. Sem dúvida, estava posta também para os antepassados. À extremidade direita, tomei lugar ao lado de Goethe. Quando a refeição tinha terminado, ele se levantou penosamente e com um gesto pedi permissão para ampará-lo. Quando toquei seu cotovelo, comecei a chorar de emoção.[26]

Belo sonho no qual Goethe não aparece como o poeta olímpico que a história literária da República de Weimar queria erigir em monumento, monumentalização à qual justamente Benjamin resiste desde seu ensaio sobre *As afinidades eletivas*.[27] Aqui, velho e frágil, Goethe aparece perto da morte, talvez como a figura clássica do escritor nacional que também esteja em vias de desaparecimento. Oferece a Benjamin um pequeno vaso antigo, talvez uma urna funerária, e vai jantar, com ele a seu lado, numa mesa posta para os

---

[26] Nesta edição, pp. 35-6.

[27] Tomo a liberdade de remeter a meu artigo "Le bois, les cendres, la flamme: de la critique chez Walter Benjamin", *Cahiers de l'Herne*, Paris, 2013.

antepassados. Sob o signo da caducidade e da finitude comuns reina, porém, uma emoção, uma ternura infinita entre ambos, manifestada pelo gesto de amparo de Benjamin ao velho poeta. Um pouco como se houvesse a consciência aguda do fim dessa configuração de escrita e de escritor e, ao mesmo tempo, a reafirmação de sua frágil beleza. Num outro sonho evocado antes deste, Benjamin visita a casa de Goethe e não a reconhece; no entanto, já deve ter estado lá um dia, porque, ao sair, descobre no livro de ouro dos visitantes seu "nome, já consignado, com grande, indócil caligrafia infantil".

Na mesma rua coabitam o velho Goethe e o militante político que escreve panfletos. Benjamin não se decidiu a favor de uma única figura — o que aliás provocou a ira de seus amigos, Asja ou Brecht de um lado, Scholem e Adorno do outro. Mas era preciso mesmo decidir? Todos os críticos desse livro, a começar por Bloch, Adorno e Kracauer, seus primeiros resenhistas, realçam nele uma mudança literária essencial: Benjamin escreve em fragmentos, ou melhor, em *Denkbilder*, "imagens de pensamento", não mais seguindo um estilo de argumentação dedutivo e linear.

Em sua resenha sobre *Rua de mão única*, Adorno — cuja defesa da forma do *ensaio* deve tanto a Benjamin — observa que essas imagens de pensamento, que poderiam aludir primeiramente às ideias de Platão, não são em nada figurações eternas, e "não querem apenas colocar um ponto de suspensão[28] ao pensamento

---

[28] O leitor se lembrará da tese XVI de "Sobre o conceito da história": "O materialista histórico não pode renunciar ao conceito de um presente que não é transição, mas no qual o tempo estanca e ficou imóvel [*Stillstand*]. Pois esse conceito define exatamente o presente em que ele escreve história para si mesmo. O Historicismo arma a imagem 'eterna' do passado, o materialista histórico, uma experiência com o passado que se firma aí única [...]". In: Michael Löwy/Walter Benjamin, *Aviso de incêndio: uma leitura das teses "Sobre o conceito de história"*, São

conceitual, mas sim produzir um choque pela sua forma enigmática, colocando assim o pensamento em movimento, pois ele, em sua forma conceitual tradicional, parece rígido, convencional e obsoleto".[29]

Nesse ponto, aliás, encontramos uma similitude com o livro sobre o drama barroco, que parecia — e que também é — tão diferente: neste, Benjamin avança igualmente por blocos conceituais-imagéticos, explicitados pelo conceito de alegoria. Alegoria num, imagem de pensamento no outro, ambos os livros de 1928 apontam para a insuficiência de um pensamento sistemático-dedutivo e ressaltam essa imbricação entre pensar e olhar, entre sensível e espiritual. A forma do tratado (na introdução ao livro sobre o drama barroco) e a forma da montagem (em *Passagens* e em *Rua de mão única*) "renunciam ao curso ininterrupto da argumentação que persegue uma única questão, que segue uma única lógica ou visa um único objetivo".[30]

Agora, as imagens se precipitam sem nexo claro — à primeira vista pelo menos — como nos sonhos e como também numa rua de cidade grande se sucedem várias imagens publicitárias, anúncios de aluguel, pedidos de ajuda, vitrines, luminosos, placas de profissões, ofertas de compra e venda, casas desiguais. A bela totalidade do sistema pertence ao passado do pensar e, igualmente, ao passado arquitetônico, ou, então, se reduz ali a uma praça clássica, um pon-

---

Paulo, Boitempo, 2005, p. 128. A tradução do texto de Walter Benjamin, aqui reproduzida, foi feita por Jeanne Marie Gagnebin e Marcos Lutz Müller.

[29] Theodor W. Adorno, "Benjamins *Einbahnstrasse*", in *Über Walter Benjamin*, Frankfurt, Suhrkamp 1968, p. 56. Nesta edição, p. 148.

[30] Gary Smith, "Denkerische Indifferenz", in U. Steiner (org.), *Memoria. Walter Benjamin 1892-1940, op. cit.*, p. 383. Ver também o verbete de Gérard Raulet, já citado, in B. Lindner (org.), *Benjamin-Handbuch, op. cit.*

to turístico numa cidade em transformação, como o é a Place des Vosges em Paris.

E, nessa cidade, podem, talvez devam, conviver o escritor clássico em provável processo de extinção e o escritor militante, provavelmente também em rápida extinção. Querer uma cidade só de escritores clássicos ou só de militantes leva à transformação da cidade em museu ou nos tristes palácios do antigo leste europeu.

Mas quem diz "imagem" também diz, certamente, "memória", porque desde Platão a memória vive de imagens que invadem o sujeito, muitas vezes à sua revelia, para sua alegria (em Marcel Proust) ou para sua vergonha também (em Sigmund Freud). Por isso a centralidade da imagem nas análises de Proust por Benjamin e na sua historiografia futura: as imagens da memória (involuntária) que imobilizam o narrador da *Recherche*, também podem ser o sinal de outra configuração do passado, isto é, de outra apreensão do passado e, portanto, do presente, permitindo talvez imaginar outro futuro. Nesse materialismo proustiano *sui generis*[31] se encontram a temática da imagem, da memória e de uma felicidade possível.

Essa relação da imagem com a memória e com o passado certamente esclarece a centralidade de uma temática essencial em *Rua de mão única*, que pode num primeiro momento surpreender: a temática da infância e da criança. Exatamente no centro da rua, isto é, num imaginário número 30 (lembre-se que a rua tem 60 "ca-

---

[31] Ver, a esse respeito, a tese de doutorado de Luís Inácio Costa de Oliveira, *Imagens da história: crítica literária e historiografia no ensaio "Para a imagem de Proust" de Walter Benjamin* (Universidade de Campinas, Instituto de Filosofia e Ciências Humanas, 2016), que ressalta a importância do ensaio de Benjamin sobre Marcel Proust (1929) como ponto de inflexão para a crítica e a historiografia do pensador alemão.

sas"), Benjamin colocou seis descrições curtas de uma criança, intituladas "Ampliações", como se inserisse aqui seis fotografias pequenas de sua própria infância — e esses textos voltarão, quase idênticos, em *Infância em Berlim por volta de 1900*, escrito mais tarde, nos anos 1932-33. Essa criança burguesa da passagem do século XIX para o XX é, com efeito, o adulto de 1928 que enfrenta a miséria, a inflação e o exílio. Essas pequenas fotografias também lembram um tempo desaparecido, uma atividade que parece perdida, mas que talvez seja um sinal de esperança: o "*spielen*", isto é, a atividade do jogo e da brincadeira, da representação (teatral) e da execução artística (como no verbo "*to play*" em inglês).

Aqui intervém novamente um assunto muito discutido com Asja Lacis, que não era somente uma comunista no sentido militante e, muitas vezes, dogmático do termo, mas antes de mais nada uma teórica do teatro, em especial a organizadora, em Riga e depois em Moscou, de um teatro com crianças proletárias. Já em 1924, ela discutiu esse assunto com Benjamin em Capri e lhe pediu mais tarde um texto teórico para fundamentar um "Programa de um teatro infantil proletário"[32] (notemos que Asja julgou esse texto incompreensível!). A imagem de pensamento "*Baustelle*" ou "Canteiro de obra" talvez seja sua célula originária, manifesto de um programa ao mesmo tempo construtivista e pedagógico. Cito um trecho:

> [...] as crianças são inclinadas de modo especial a procurar todo e qualquer lugar de trabalho onde visivelmente transcorre a atividade sobre as coisas. Sentem-se irresisti-

---

[32] In Walter Benjamin, *Reflexões sobre a criança, o brinquedo e a educação*, trad. Marcus Vinicius Mazzari, São Paulo, Duas Cidades/Editora 34, 2002, p. 111. Esse texto foi escrito por Benjamin provavelmente no fim de 1928 e início de 1929, quando Asja e ele se reencontraram em Berlim.

velmente atraídas pelo resíduo³³ que surge na construção, no trabalho de jardinagem ou doméstico, na costura ou na marcenaria. Em produtos residuais reconhecem o rosto que o mundo das coisas volta exatamente para elas, e para elas unicamente. Neles, elas menos imitam as obras dos adultos do que põem materiais de espécie muito diferente, através daquilo que com eles aprontam no brinquedo,³⁴ em uma nova, brusca³⁵ relação entre si.³⁶

No "Programa de um teatro infantil proletário",³⁷ Benjamin insiste novamente nessa confrontação das crianças com os resíduos, as coisas, a *matéria*. Segundo o programa, as crianças são organizadas em um coletivo e têm a possibilidade de encenar suas fantasias através de atividades em várias oficinas de trabalho, sob a coordenação de um adulto/diretor. Oficinas de execução material de vários objetos e de aprendizado concreto (preparação dos acessórios, pintura do cenário, recitação, música, dança). Essa confrontação

---

³³ Em alemão, "*Abfall*", ou "detrito", categoria-chave de Charles Baudelaire e da interpretação de sua poesia por Walter Benjamin.

³⁴ Ou no jogo, "*Spiel*", em alemão. Rubens Rodrigues Torres Filho traduz por "brinquedo" em lugar de "brincadeira", o que me parece equivocado.

³⁵ Em alemão, "*sprunghaft*", literalmente "saltitante". A tradução por "brusca" de Rubens Rodrigues Torres Filho, em lugar de "repentina", me parece ter uma nuance de negatividade contrária à importância do conceito de "salto" (*Sprung*) em Benjamin.

³⁶ Nesta edição, p. 42.

³⁷ Retomo aqui algumas observações desenvolvidas em artigo da revista eletrônica *Viso*, nº 11, 2012, "Brecht e Benjamin: peça de aprendizagem e ordenamento experimental". Disponível em <http://www.revistaviso.com.br/article/129>.

concreta com a matéria (*Stoff*) é imprescindível, escreve Benjamin, para permitir que as crianças consigam escapar do "perigoso reino mágico da mera fantasia".[38] No vocabulário de *Rua de mão única* e das *Passagens*, poderíamos dizer, escapar do reino encantado das mercadorias e das fantasmagorias. Sem essa confrontação, ficariam presas e impotentes nesse reino mágico (como ficam hoje diante da televisão), isto é, também profundamente diminuídas e frustradas quando devem voltar ao "mundo real". Graças à interação com a matéria, que permite a transformação da fantasia em signos materiais, a "mera" fantasia se torna um jogo de possibilidades e de experimentações concretas.

Tais encenações, ressalta Benjamin, se deixam orientar pela improvisação, em vez de obedecer a um texto previamente dado. Com muito mais desenvoltura que os adultos, as crianças realizam no jogo teatral a temporalidade da experimentação, porque não intentam a fabricação de um produto acabado, que possa ser vendido e consumido, mas a experimentação lúdica em sua radicalidade. "A encenação contrapõe-se ao treinamento educativo [*Schulung*] como libertação [*Entbindung*] radical do jogo, num processo que o adulto pode tão somente observar."[39] Esse "dar à luz" do jogo[40] alude a uma temporalidade efêmera ou sempre recomeçada, sempre novamente inventada como o tempo da criança brincante no fragmento de Heráclito,[41] retomado por Nietzsche.

---

[38] W. Benjamin, *Reflexões sobre a criança, o brinquedo e a educação, op. cit.*, p. 116. W. Benjamin, *Gesammelte Schriften II-2, op. cit.*, p. 66.

[39] *Ibidem*, pp. 117 e 767.

[40] A palavra "*Entbindung*" significa libertação, em particular no contexto de um parto.

[41] Fragmento B52 de Heráclito sobre o tempo, *aiôn*.

O teatro infantil oferece assim outro modelo de prática estética: não mais o espaço da obra como espaço autônomo, fechado em si mesmo e que perdura, mas um espaço de jogo [*Spielraum*] como espaço para práticas de experimentação lúdica. Estas são, também, práticas de experimentação perceptiva e, num sentido amplo, práticas de experimentação política, se for verdade que mudanças de percepção e mudanças políticas se apoiam mutuamente. Se, na hipótese de Jacques Rancière, a racionalidade política "é antes um modo de ser da comunidade que se opõe a outro modo de ser, um recorte do mundo sensível que se opõe a outro recorte do mundo sensível",[42] então experimentação estética e experimentação política caminham juntas. E, nesse contexto, *Rua de mão única* não é nenhum manifesto dogmático de guinada para o comunismo, como Scholem e Adorno parecem recear. Essa sequência de imagens de pensamento introduz muito mais uma dimensão claramente política no pensamento estético de Benjamin, dimensão que vai orientar toda sua atividade crítica a partir de então. Ele também tenta responder ao desespero que se seguiu ao desastre da República de Weimar com uma aposta na inventividade humana, cujo paradigma não consiste na produção desenfreada de novas mercadorias, mas, de maneira subversiva e surpreendente, nas brincadeiras improváveis de crianças em cantos abandonados das grandes cidades.

---

[42] Jacques Rancière, *O desentendimento: política e filosofia*, trad. Ângela Leite Lopes, São Paulo, Editora 34, 1996, p. 368.

RUA DE MÃO ÚNICA

Esta rua chama-se
RUA ASJA LACIS,
em homenagem àquela que,
na qualidade de engenheiro,
a rasgou dentro do autor.

POSTO DE GASOLINA

A construção da vida, no momento, está muito mais no poder de fatos que de convicções. E aliás de fatos tais, como quase nunca e em parte nenhuma se tornaram fundamento de convicções. Nessas circunstâncias, a verdadeira atividade literária não pode ter a pretensão de desenrolar-se dentro de molduras literárias — isso, pelo contrário, é a expressão usual de sua infertilidade. A atuação literária significativa só pode instituir-se em rigorosa alternância de agir e escrever; tem de cultivar as formas modestas, que correspondem melhor a sua influência em comunidades ativas que o pretensioso gesto universal do livro, em panfletos, brochuras, artigos de jornal e cartazes. Só essa linguagem de prontidão mostra-se atuante à altura do momento. As opiniões, para o aparelho gigante da vida social, são o que é o óleo para as máquinas; ninguém se posta diante de uma turbina e a irriga com óleo de máquina. Borrifa-se um pouco em rebites e juntas ocultos, que é preciso conhecer.

SALA DE DESJEJUM

Uma tradição popular adverte contra contar sonhos, pela manhã, em jejum. O homem acordado, nesse estado, permanece ainda, de fato, no círculo de sortilégio do sonho. Ou seja: a ablução chama para dentro da luz apenas a superfície do corpo e suas funções motoras visíveis, enquanto, nas camadas mais profundas, mesmo durante o asseio matinal, a cinzenta penumbra onírica persiste e até se firma, na solidão da primeira hora desperta. Quem receia o contato com o dia, seja por medo aos homens, seja por amor ao recolhimento interior, não quer comer e desdenha o desjejum. Desse modo, evita a quebra entre mundo noturno e diurno. Uma precaução que só se legitima pela queima do sonho em concentrado trabalho matinal, quando não na prece, mas de outro modo conduz a uma mistura de ritmos vitais. Nessa disposição, o relato sobre sonhos é fatal, porque o homem, ainda conjurado pela metade ao mundo onírico, o trai em suas palavras e tem de contar com sua vingança. Dito modernamente: trai a si mesmo. Está emancipado da proteção da ingenuidade sonhadora e, ao tocar suas visões oníricas sem sobranceria, se entrega. Pois somente da outra margem, do dia claro, pode o sonho ser interpelado por recordação sobranceira. Esse além do sonho só é alcançável num asseio que é análogo à ablução, contudo inteiramente diferente dela. Passa pelo estômago. Quem está em jejum fala do sonho como se falasse de dentro do sono.

Nº 113

> As horas que contêm a forma,
> na casa do sonho transcorreram.

Souterrain
Esquecemos há muito tempo o ritual sob o qual foi edificada a casa de nossa vida. Quando, porém, ela está para ser assaltada e as bombas inimigas já a atingem, que extenuadas, extravagantes antiguidades elas não põem a nu ali nos fundamentos! Quanta coisa não foi enterrada e sacrificada sob fórmulas mágicas, que apavo-

rante gabinete de raridades lá embaixo, onde, para o mais cotidiano, estão reservadas as valas mais profundas. Em uma noite de desespero eu me vi em sonho renovar tempestuosamente amizade e fraternidade com o primeiro companheiro de meu tempo de escola, que já há decênios não conheço mais e de quem mesmo nesse instante mal me lembrava. Ao despertar, porém, ficou claro para mim: o que o desespero, como uma explosão, tinha posto à luz do dia era o cadáver desse homem, que estava emparedado lá, parecendo dizer: quem mora aqui agora não deve assemelhar-se a ele em nada.

Vestíbulo
Visita à casa de Goethe. Não consigo lembrar-me de ter visto aposentos no sonho. Era uma enfiada de corredores caiados como em uma escola. Duas visitantes inglesas mais velhas e um zelador são os comparsas do sonho. O zelador nos concita a registrar-nos no livro de visitantes, que estava aberto, na extremidade de um corredor, sobre uma escrivaninha de janela. Quando me aproximo, encontro, ao folhear, meu nome já consignado, com grande, indócil caligrafia infantil.

Sala de refeições
Em um sonho vi-me no gabinete de trabalho de Goethe. Não tinha semelhança nenhuma com o de Weimar. Antes de tudo, era muito pequeno e tinha só uma janela. À parede defronte a ela encostava-se a mesa de escrever pelo seu lado estreito. Diante dela estava sentado, escrevendo, o poeta em avançadíssima idade. Mantive-me ao lado, quando ele se interrompeu e me deu de presente um pequeno vaso, um vasilhame antigo. Girei-o nas mãos. Um monstruoso calor reinava no aposento. Goethe levantou-se e entrou comigo no cômodo ao lado, onde uma longa mesa estava posta para minha parentela. Parecia, porém, calculada para muito mais

pessoas do que esta contava. Sem dúvida, estava posta também para os antepassados. À extremidade direita, tomei lugar ao lado de Goethe. Quando a refeição tinha terminado, ele se levantou penosamente e com um gesto pedi permissão para ampará-lo. Quando toquei seu cotovelo, comecei a chorar de emoção.

PARA HOMENS

Convencer é infrutífero.

RELÓGIO PRINCIPAL

Para os grandes, as obras acabadas têm peso mais leve que aqueles fragmentos nos quais o trabalho se estira através de sua vida. Pois somente o mais fraco, o mais disperso encontra sua incomparável alegria no concluir e se sente com isso devolvido à sua vida. Para o gênio, toda e qualquer cesura, os pesados golpes do destino como o suave sono, cai na industriosidade de sua própria oficina de trabalho. E o círculo de sortilégio dela, ele o traça no fragmento. "Gênio é industriosidade."

VOLTE PARA CASA! TUDO PERDOADO!

Como alguém que na barra fixa executa o giro gigante, nós próprios quando jovens giramos a roda da fortuna, da qual então mais cedo ou mais tarde sai a sorte grande. Pois unicamente aquilo que com quinze anos sabíamos ou exercíamos constitui um dia nossas *attrativa*. E por isso uma coisa nunca pode ser reparada: ter deixado de fugir da casa de seus pais. De quarenta e oito horas de desabrigo nesses anos condensa-se como numa barrela o cristal da felicidade da vida.

CASA MOBILIADA. PRINCIPESCA. DEZ CÔMODOS

Do estilo de mobiliário da segunda metade do século XIX, a única apresentação suficiente, e análise ao mesmo tempo, é dada por uma certa espécie de romances de crime em cujo centro dinâmico está o terror da casa. A disposição dos móveis é ao mesmo tempo o plano topográfico das ciladas mortais e a enfiada dos cômodos prescreve à vítima o itinerário da fuga. O fato de que exatamente essa espécie de romance de crime começa com Poe — em um tempo, portanto, em que tais moradias quase não existiam ainda — não diz nada em contrário. Pois os grandes escritores, sem exceção, fazem suas combinações em um mundo que vem depois deles, como as ruas parisienses dos poemas de Baudelaire só existiram depois de 1900 e também não antes disso os seres humanos de Dostoiévski. O interior burguês dos anos 1860 até 90, com seus gigantescos aparadores transbordando de objetos entalhados, os cantos sem sol, onde se ergue a palmeira, o balcão que a balaustrada fortifica e os longos corredores com a cantante chama de gás, torna-se adequado como moradia unicamente para o cadáver. "Neste sofá a tia só pode ser assassinada." A exuberância sem alma do mobiliário só se torna conforto verdadeiro diante do cadáver. Muito mais interessante que o Oriente paisagístico, nos romances de crime, é aquele exuberante Oriente em seus interiores: o tapete persa e a otomana, o candeeiro suspenso e a nobre adaga caucasiana. Atrás das pesadas tapeçarias drapeadas o dono da casa celebra suas orgias com papéis da Bolsa, pode sentir-se como mercador oriental, como paxá corrupto no canato do mago corrupto, até que aquela adaga no pingente de prata sobre o divã, uma bela tarde, põe fim à sua sesta e a ele próprio. Esse caráter da casa burguesa, que estremece pelo assassino sem nome como uma velha lasciva pelo galã, foi penetrado por alguns autores que, qualificados como "escritores criminais" — talvez também porque em seus escritos se estampa um pouco do pandemônio burguês —, foram privados de suas devidas honras. Conan Doyle tem aquilo que deve ser atingido aqui em alguns de seus escritos; em uma grande produção a escritora A. K. Green o põe em evidência, e com *O fantasma da Ópera*, um dos grandes romances sobre o século XIX, Gaston Leroux promoveu esse gênero à apoteose.

PORCELANAS DA CHINA

Nestes dias ninguém pode aferrenhar-se naquilo de que "é capaz". Na improvisação está a força. Todos os golpes decisivos são desferidos com a mão esquerda.

Um portal encontra-se no começo de um longo caminho que conduz montanha abaixo à casa de ..., que eu visitava todas as noites. Quando ela se mudou, a abertura do arco do portal jazia de agora em diante à minha frente, como uma concha de orelha que perdeu a audição.

Uma criança, em roupas de dormir, não se deixa mover para cumprimentar uma visita que entra. Os presentes lhe admoestam, do ponto de vista ético superior, para forçar seu melindre, mas em vão. Poucos minutos depois ela se mostra, desta vez totalmente nua, ao visitante. Nesse meio-tempo, tinha-se lavado.

A força da estrada do campo é uma se alguém anda por ela, outra se a sobrevoa de aeroplano. Assim é também a força de um texto, uma se alguém o lê, outra se o transcreve. Quem voa vê apenas como a estrada se insinua através da paisagem, e, para ele, ela se desenrola segundo as mesmas leis que o terreno em torno. Somente quem anda pela estrada experimenta algo de seu domínio e de como, daquela mesma região que, para o que voa, é apenas a planície desenrolada, ela faz sair, a seu comando, a cada uma de suas voltas, distâncias, belvederes, clareiras, perspectivas, assim como o chamado do comandante faz sair soldados de uma fila. Assim comanda unicamente o texto copiado a alma daquele que está ocupado com ele, enquanto o mero leitor nunca fica conhecendo as novas perspectivas de seu interior, tais como as abre o texto, essa estrada através da floresta virgem interior que sempre volta a adensar-se: porque o leitor obedece ao movimento de seu eu no livre reino aéreo do devaneio, enquanto o copiador o faz ser comandado. A arte chinesa de copiar livros foi, portanto, a incomparável garantia de cultura literária, e a cópia, uma chave para os enigmas da China.

LUVAS

No asco por animais a sensação dominante é o medo de, no contato, ser reconhecido por eles. O que se assusta profundamente no homem é a consciência obscura de que, nele, permanece em vida algo de tão pouco alheio ao animal provocador de asco, que possa ser reconhecido por este. — Todo asco é originalmente asco pelo contato. Desse sentimento até mesmo a subjugação só se põe a salvo com gestos bruscos, excessivos: o asqueroso será violentamente enlaçado, devorado, enquanto a zona do contato epidérmico mais fino permanece tabu. Só assim é possível dar satisfação ao paradoxo do imperativo moral que exige do homem, ao mesmo tempo, a superação e o mais sutil cultivo do sentimento de asco. Não lhe é permitido renegar o bestial parentesco com a criatura, a cujo apelo seu asco responde: é preciso tornar-se senhor dela.

EMBAIXADA MEXICANA

> *Je ne passe jamais devant un fétiche de bois, un Bouddha doré, une idole mexicaine sans me dire: C'est peut-être le vrai dieu.*[1]
>
> Charles Baudelaire

Sonhei que estava no México como membro de uma expedição de pesquisa. Após termos percorrido uma espessa floresta virgem, demos com um sistema de cavernas superficiais na montanha, onde desde o tempo dos primeiros missionários até agora havia-se mantido uma ordem religiosa, cujos irmãos prosseguiam entre os nativos a obra de conversão. Em uma caverna central imensa e goticamente fechada em ponta, tinha lugar o serviço divino segundo o mais antigo rito. Entramos e pudemos ver sua parte principal: em direção a um busto de madeira de Deus Pai, que se mostrava, aco-

---

[1] "Nunca passo diante de um fetiche de madeira, um Buda dourado, um ídolo mexicano sem dizer-me: é talvez o verdadeiro Deus." (N. do T.)

modado a grande altura, em um lugar qualquer numa das paredes da caverna, era levantado por um sacerdote um fetiche mexicano. Então, a cabeça de Deus movia-se três vezes, negativamente, da direita para a esquerda.

ESTAS PLANTAS SÃO RECOMENDADAS À PROTEÇÃO DO PÚBLICO

O que é "solucionado"? Todas as questões da vida vivida não ficam para trás, como uma ramagem que nos impedisse a visão? Em desbastá-la, em iluminá-la sequer, dificilmente pensamos. Seguimos adiante, a deixamos atrás de nós, e da distância ela é sem dúvida abarcável, mas indistinta, sombria e, nessa medida, mais enigmaticamente enredada.

Comentário e tradução estão para o texto assim como estilo e mimese estão para a natureza: o mesmo fenômeno sob diferentes modos de considerar. Na árvore do texto sagrado são ambos apenas as folhas eternamente sussurrantes, na árvore do texto profano são os frutos que caem no tempo certo.

Quem ama não se apega somente aos "defeitos" da amada, não somente aos tiques e fraquezas de uma mulher; a ele, rugas no rosto e manchas hepáticas, roupas gastas e um andar torto prendem muito mais duradoura e inexoravelmente que toda beleza. Há muito tempo se notou isso. E por quê? Se é verdadeira uma teoria que diz que a sensação não se aninha na cabeça, que não sentimos uma janela, uma nuvem, uma árvore no cérebro, mas sim naquele lugar onde as vemos, assim também, no olhar para a amada, estamos fora de nós. Aqui, porém, atormentadamente tensos e arrebatados.

Ofuscada, a sensação esvoaça como um bando de pássaros no esplendor da mulher. E, assim como os pássaros buscam proteção nos folhosos esconderijos da árvore, refugiam-se as sensações nas sombrias rugas, nos gestos desgraciosos e nas modestas máculas do corpo amado, onde se acocoram em segurança, no esconderijo. E nenhum passante adivinha que exatamente aqui, no imperfeito, censurável, aninha-se a emoção amorosa, rápida como uma seta, do adorador.

CANTEIRO DE OBRA

Elucubrar pedantemente sobre a fabricação de objetos — material educativo, brinquedos ou livros — que fossem apropriados para crianças é tolice. Desde o Iluminismo essa é uma das mais bolorentas especulações dos pedagogos. Seu enrabichamento pela psicologia impede-os de reconhecer que a Terra está repleta dos mais incomparáveis objetos de atenção e exercício infantis. E dos mais apropriados. Ou seja, as crianças são inclinadas de modo especial a procurar todo e qualquer lugar de trabalho onde visivelmente transcorre a atividade sobre as coisas. Sentem-se irresistivelmente atraídas pelo resíduo que surge na construção, no trabalho de jardinagem ou doméstico, na costura ou na marcenaria. Em produtos residuais reconhecem o rosto que o mundo das coisas volta exatamente para elas, e para elas unicamente. Neles, elas menos imitam as obras dos adultos do que põem materiais de espécie muito diferente, através daquilo que com eles aprontam no brinquedo, em uma nova, brusca relação entre si. Com isso as crianças formam para si seu mundo de coisas, um pequeno no grande, elas mesmas. Seria preciso ter em mira as normas desse pequeno mundo de coisas, se se quer criar deliberadamente para as crianças e não se prefere deixar a atividade própria, com tudo aquilo que é nela requisito e instrumento, encontrar por si só o caminho que conduz a elas.

MINISTÉRIO DO INTERIOR

Quanto mais hostilmente um homem se coloca em relação ao tradicional, mais inexoravelmente submeterá sua vida privada às normas que quer elevar à condição de legisladoras de um estado social por vir. É como se elas lhe impusessem o dever de prefigurá-las, a elas que ainda não estão efetivadas em parte nenhuma, pelo menos em seu próprio círculo de vida. O homem, contudo, que se sabe em consonância com as mais antigas tradições de sua classe ou de seu povo, põe ocasionalmente sua vida privada em ostensiva oposição às máximas que na vida pública advoga sem indulgência e, sem o menor aperto de consciência, valoriza secretamente seu próprio comportamento como a prova mais legítima da autoridade inabalável dos princípios ostentados por ele. Assim se distinguem os tipos do político anarcossocialista e do conservador.

BANDEIRA...

Como aquele que se despede é mais facilmente amado! Porque a chama por aquele que se distancia queima mais pura, alimentada pela fugitiva tira de pano que acena do navio ou da janela do trem. O distanciamento penetra como matéria corante naquele que desaparece e o embebe de suave ardor.

... A MEIO PAU

Se morre um ser humano muito próximo de nós, há nos desenvolvimentos dos meses seguintes algo do qual acreditamos notar que — por mais que gostássemos de tê-lo partilhado com ele — só podia desdobrar-se pelo seu estar-longe. Acabamos por saudá-lo em uma língua que ele não entende mais.

PANORAMA IMPERIAL

Viagem através da inflação alemã

I. No tesouro daqueles modos de falar com os quais se trai cotidianamente o modo de vida do burguês alemão, composto de um amálgama de estupidez e covardia, o da catástrofe iminente — já que "assim não pode mais continuar" — é particularmente digno de reflexão. A desamparada fixação a representações de segurança e de posse dos decênios passados impede o homem médio de aperceber-se das estabilidades extremamente notáveis, de espécie inteiramente nova, que estão no fundamento da situação presente. Como a relativa estabilização dos anos de pré-guerra o favorecia, ele acredita que tem de encarar como instável todo estado que o desapossa. Mas relações estáveis não precisam nunca e em tempo algum ser relações agradáveis e já antes da guerra havia camadas para as quais as relações estabilizadas eram a miséria estabilizada. Declínio não é em nada menos estável, em nada menos miraculoso que ascensão. Somente um cálculo que reconhece encontrar no declínio a única *ratio* do estado presente sairia do assombro desfibrante perante o que se repete cotidianamente e passaria a contar com os fenômenos de declínio como o puramente estável e a considerar unicamente o que salva como algo de extraordinário, quase no limite do miraculoso e inconcebível. As comunidades da Europa central vivem como habitantes de uma cidade cercada, cujos víveres e pólvora estão acabando e para a qual, segundo humana comensurabilidade, quase não é de se esperar salvação. Um caso em que a rendição, talvez incondicional, teria de ser cogitada com a máxima seriedade. Mas a potência muda, invisível, com a qual a Europa central se sente confrontada, não negocia. Assim nada resta, senão, na permanente expectativa do último assalto, não dirigir o olhar para nada a não ser o extraordinário, que é o único que ainda pode salvar. Esse estado, que se impõe, da mais tensa atenção, sem queixas, poderia, porém, já que estamos em um misterioso contato com os poderes que nos assediam, provocar efetivamente o milagre. Em contrapartida, a expectativa de que não pode continuar assim se encontrará um dia diante do ensinamento de que, para o sofrimento do indivíduo como das comunidades, só há um limite além do qual ele não continua: o aniquilamento.

II. Um estranho paradoxo: as pessoas só têm em mente o mais estreito interesse privado quando agem, mas ao mesmo tempo são determinadas mais que nunca em seu comportamento pelos instintos da massa. E mais que nunca os instintos de massa se tornaram desatinados e alheios à vida. Onde o obscuro impulso do animal — como o narram inúmeras anedotas — encontra a saída do perigo que se aproxima e que ainda parece invisível, ali essa sociedade, da qual cada um tem em mira unicamente seu próprio inferior bem-estar, sucumbe, como massa cega, com inconsciência animal, mas sem o inconsciente saber dos animais, a cada perigo, mesmo o mais próximo, e a diversidade de alvos individuais se torna irrelevante perante a identidade das forças determinantes. Repetidamente se mostrou que seu apego à vida habitual, agora já perdida há muito tempo, é tão rígido que frustra a aplicação propriamente humana do intelecto, a previdência, mesmo no perigo drástico. De modo que nela a imagem da estupidez se completa: insegurança, perversão mesmo, dos instintos vitalmente importantes, e impotência, declínio mesmo, do intelecto. Essa é a disposição da totalidade dos burgueses alemães.

III. Todas as relações humanas mais próximas são atingidas por uma claridade penetrante, quase insuportável, na qual mal conseguem resistir. Pois, uma vez que, por um lado, o dinheiro está, de modo devastador, no centro de todos os interesses vitais e, por outro, é exatamente este o limite diante do qual quase toda relação humana fracassa, então desaparece, cada vez mais, assim no plano natural como no ético, a confiança irrefletida, o repouso e a saúde.

IV. Não é em vão que se costuma falar de miséria "nua". Em sua exibição, que começou a tornar-se costume sob a lei da calamidade e, no entanto, torna visível um milésimo apenas do escondido, o que é mais funesto é que não é a compaixão ou a consciência igualmente terrível da própria incolumidade que é despertada no observador, mas sua vergonha. Impossível viver em uma grande cidade alemã, na qual a fome força os mais miseráveis a viver das notas com as quais os passantes procuram cobrir uma nudez que os fere.

V. "Pobreza não é desonra". Muito bem. No entanto, desonram os pobres. Fazem isso e o consolam com o provérbio. Este é daqueles que antigamente se podiam admitir como válidos, mas cuja data de vencimento já chegou há muito tempo. Do mesmo modo como aquele brutal "Quem não trabalha não come". Quando havia trabalho que alimentava seu homem havia também pobreza que não desonrava, quando o atingia por má colheita ou outra fatalidade. Mas é desonra, sim, essa penúria, da qual milhões já nascem dentro, e em que são enredados centenas de milhares, que empobrecem. Sujeira e miséria crescem como muros, obra de mãos invisíveis, em torno deles. E assim como o indivíduo pode suportar muito por si, mas sente justa vergonha quando sua mulher o vê suportá-lo e ela própria o atura, assim é lícito ao indivíduo aturar muito enquanto está sozinho e tudo enquanto o esconde. Mas nunca é lícito a alguém firmar sua paz com a pobreza quando ela cai como uma sombra gigante sobre seu povo e sua casa. Ele deve, então, manter seus sentidos vigilantes para cada humilhação que lhes é infligida e mantê-los disciplinados até que seu sofrimento tenha trilhado, não mais a ladeirenta rua da amargura, mas o caminho ascensional da revolta. Mas aqui não há nada a esperar enquanto cada destino, o mais terrível, o mais obscuro, discutido todos os dias, e mesmo todas as horas pela imprensa, exposto em todas as suas causas aparentes e consequências aparentes, não promove ninguém ao conhecimento das obscuras potências das quais sua vida se tornou serva.

VI. Para o estrangeiro que segue por alto a configuração da vida alemã, que até mesmo viajou pelo país por tempo curto, seus habitantes não se mostram menos estranhos que uma população exótica. Um francês espirituoso disse: "Nos casos mais raros, um alemão terá clareza sobre si. Se alguma vez tiver clareza, não o dirá. Se o disser, não se fará compreensível". Essa distância sem consolo, a guerra a ampliou, não apenas pelos efetivos e legendários atos infames que se relatavam dos alemães. O que completa mesmo o grotesco isolamento da Alemanha aos olhos dos outros europeus, o que no fundo produz neles a impressão de que estariam tratando com hotentotes nos alemães (como isto foi muito corretamente chamado) é a potência, totalmente inconcebível para os que estão de fora e totalmente inconsciente para os prisioneiros, com que as circunstâncias de vida, a miséria e a estupidez fazem dos homens, nesse palco, súditos das forças da comunidade, como somente a vida de algum primitivo é determinada pelas legalidades de clã. O mais europeu de todos os bens, aquela ironia mais ou menos clara com que a vida do indivíduo pretende transcorrer em disparidade com a existência de toda e qualquer comunidade em que ele esteja encravado, está inteiramente perdido para os alemães.

VII. A liberdade do diálogo está-se perdendo. Se antes, entre seres humanos em diálogo, a consideração pelo parceiro era natural, ela é agora substituída pela pergunta sobre o preço de seus sapatos ou de seu guarda-chuva. Fatalmente impõe-se, em toda conversação em sociedades, o tema das condições de vida, do dinheiro. No caso, trata-se não tanto das preocupações e dos sofrimentos dos indivíduos, nos quais talvez pudessem ajudar um ao outro, quanto da consideração do todo. É como se se estivesse aprisionado em um teatro e se fosse obrigado a seguir a peça que está no palco, queira-se ou não, obrigado a fazer dela sempre de novo, queira-se ou não, objeto do pensamento e da fala.

VIII. Quem não se subtrai à percepção do declínio passará sem demora a reivindicar uma justificação particular para sua permanência, sua atividade e sua participação nesse caos. Quantas forem as evidências do malogro geral, tantas serão as exceções para a própria esfera de ação, local de morada e momento. A cega vontade de salvar o prestígio da existência pessoal, de preferência a destacá-la, pelo menos, através da soberana avaliação de sua impotência e de seu embaraço, do pano de fundo do encegueciment0 geral, impõe-se quase por toda parte. Por isso o ar está tão cheio de teorias de vida e visões do mundo, e por isso elas fazem aqui nesta terra um efeito tão pretensioso, porque no fim quase sempre valem como sanção de alguma situação privada totalmente insignificante.

Por isso mesmo o ar está também tão cheio de ilusões, miragens de um futuro cultural que apesar de tudo irrompe florescente da noite para o dia, porque cada qual se compromete com as ilusões ópticas de seu ponto de vista isolado.

IX. Os homens que estão encurralados no recinto deste país perderam o olhar para o contorno da pessoa humana. Todo aquele que é livre aparece-lhes como um extravagante. Imaginem-se as cadeias de montanhas dos Altos Alpes, contudo não destacadas contra o céu, mas contra as dobras de uma tela escura. Só indistintamente se desenhariam as poderosas formas. Exatamente assim uma pesada cortina cobre o céu da Alemanha e não vemos mais o perfil nem mesmo dos maiores homens.

X. Das coisas desaparece o calor. Os objetos de uso diário repelem de si o homem, suave mas persistentemente. Em suma, ele tem de desempenhar, dia após dia, para a superação das resistências secretas — e não apenas das abertas — que se opõem a ele, um trabalho descomunal. Precisa compensar a frieza delas com o próprio calor, para não congelar com elas, e empunhar com infinita habilidade os seus espinhos, para não sangrar neles. Dos homens a seu lado, não espere ele nenhuma ajuda. Administrador, funcionário, trabalhador manual e vendedor — todos eles se sentem como representantes de uma matéria rebelde, cuja periculosidade se esforçam para trazer à luz através da própria brutalidade. E com a degeneração das coisas, com a qual elas, seguindo o declínio humano, o castigam, o próprio país está conjurado. Ele consome o homem, como as coisas, e a eternamente ausente primavera alemã é apenas um entre inúmeros fenômenos aparentados da natureza alemã em decomposição. Nela se vive como se nessas regiões a pressão da coluna de ar, cujo peso cada qual carrega, se tivesse tornado, contra toda lei, subitamente sensível.

XI. O desdobramento de todo movimento humano, quer se origine de impulsos espirituais ou mesmo naturais, está votado à desmesura da resistência do mundo circundante. A crise habitacional e a taxação do comércio estão em obra para aniquilar completamente o símbolo elementar da liberdade europeia, que em certas formas era dado mesmo à Idade Média: a liberdade de estabelecimento. E se a coação medieval encadeava os homens a associações naturais, ele está agora acorrentado a uma comunidade desnaturada. Pouca coisa fortalecerá tanto a fatal potência do instinto migratório em propagação quanto a jugulação da liberdade de estabelecimento, e jamais a liberdade de movimento esteve em maior desproporção com a riqueza dos meios de locomoção.

XII. Assim como todas as coisas que estão em um irresistível processo de mistura e impurificação perdem sua expressão de essência, e o ambíguo se põe no lugar do autêntico, assim também a cidade. Grandes cidades, cuja potência incomparavelmente tranquilizadora e corroborante encerra o criador em uma paz de castelo fortificado e é capaz de tirar dele, juntamente com a visão do horizonte, também a consciência das forças elementares sempre vigilantes, mostram-se por toda parte vazadas pelo campo que penetra. Não pela paisagem, mas por aquilo que a livre natureza tem de mais amargo, pela terra arável, por estradas, pelo céu noturno que nenhuma camada vibrante de vermelho esconde mais. A insegurança mesma das regiões animadas acaba reduzindo o citadino àquela situação opaca e cruel no mais alto grau, em que ele tem de acolher em si, sob as inclemências da planície desolada, os produtos da arquitetônica urbana.

XIII. Uma nobre indiferença perante as esferas da riqueza e da pobreza está totalmente perdida nas coisas que se fabricam. Cada uma delas carimba seu possuidor, que só tem a escolha de aparecer como pobre coitado ou especulador. Pois, enquanto mesmo o verdadeiro luxo é de tal ordem que espírito e sociabilidade são capazes de penetrá-los e levar a seu esquecimento, aquilo que aqui se ostenta de mercadorias de luxo põe em evidência uma massividade tão desavergonhada que nelas toda radiação espiritual se refrata.

XIV. Dos mais antigos usos dos povos parece vir a nós como uma advertência: na aceitação daquilo que recebemos tão ricamente da natureza, guardar-nos do gesto da avidez. Pois não somos capazes de presentear à mãe Natureza nada que nos é próprio. Por isso convém mostrar reverência no tomar, restituindo, de tudo que desde sempre recebemos, uma parte a ela, antes ainda de nos apoderar do nosso. Essa reverência se manifesta no antigo uso da *libatio*. Aliás, é talvez essa mesma antiquíssima experiência ética que se conserva, transformada, na proibição de juntar as espigas esquecidas e de recolher cachos de uva caídos, uma vez que estes fazem proveito à terra ou aos antepassados dispensadores de bênçãos. Segundo o uso ateniense, o recolher de migalhas durante a refeição era interdito, porque pertenciam aos heróis. — Uma vez degenerada a sociedade, sob desgraça e avidez, a tal ponto que ela só pode ainda receber os dons da natureza pela rapina, que ela arranca os frutos imaturos para poder trazê-los vantajosamente ao mercado e que ela tem de esvaziar toda bandeja somente para ficar saciada, sua terra empobrecerá e o campo trará más colheitas.

TRABALHOS DE SUBSOLO

Em sonho vi-me em uma região erma. Era a praça do mercado de Weimar. Ali eram feitas escavações. Eu mesmo raspei um pouquinho na areia. Então apareceu a ponta de uma torre de igreja. Extremamente alegre pensei comigo: um santuário mexicano do tempo do pré-animismo, o Anaquivitzli. Acordei rindo. (Ana = [ἀνά]; vi = *vie*; witz = igreja mexicana [!])

CABELEIREIRO PARA DAMAS DIFÍCEIS

Três mil damas e cavalheiros do Kurfürstendamm devem ser presos uma manhã, sem uma palavra, em suas camas, e mantidos detidos vinte e quatro horas. Por volta de meia-noite distribui-se nas celas um questionário sobre a pena de morte, solicita-se também a seus signatários indicarem qual espécie de execução eles, pessoalmente, no caso dado, pensariam escolher. Esse documento, teriam de preencher em clausura, "segundo melhor ciência", aqueles que até agora costumam exprimir-se, sem serem perguntados, "segundo melhor consciência". Antes ainda da primeira manhã, que desde a Antiguidade é sagrada, mas aqui nesta terra é consagrada ao carrasco, a questão da pena de morte estaria esclarecida.

ATENÇÃO: DEGRAUS!

O trabalho em uma boa prosa tem três graus: um musical, em que ela é composta, um arquitetônico, em que ela é construída, e, enfim, um têxtil, em que ela é tecida.

GUARDA-LIVROS JURAMENTADO

Nosso tempo, assim como está em *contrapposto* com o Renascimento pura e simplesmente, está particularmente em oposição à situação em que foi inventada a arte da imprensa. Com efeito, quer seja um acaso ou não, seu aparecimento na Alemanha cai no tempo em que o livro, no sentido eminente da palavra, o Livro dos Livros, tornou-se, através da tradução da Bíblia por Lutero, um bem popular. Agora tudo indica que o livro, nessa forma tradicional, vai ao encontro de seu fim. Mallarmé, como viu em meio à cristalina construção de sua escritura, certamente tradicionalista, a imagem verdadeira do que vinha, empregou pela primeira vez em *Un coup de dés* as tensões gráficas do reclame na configuração da escrita. O que depois disso foi empreendido por dadaístas em termos de experimentos de escrita não provinha do plano construtivo, mas dos nervos dos literatos reagindo com exatidão e por isso era muito menos consistente que o experimento de Mallarmé, que crescia do interior de seu estilo. Mas justamente através disso é possível reconhecer a atualidade daquilo que, monadicamente, em seu gabinete mais recluso, Mallarmé descobriu, em harmonia preestabelecida com todo o acontecer decisivo desses dias, na economia, na técnica, na vida pública. A escrita, que no livro impresso havia encontrado um asilo onde levava sua existência autônoma, é inexoravelmente arrastada para as ruas pelos reclames e submetida às brutais heteronomias do caos econômico. Essa é a rigorosa escola de sua nova forma. Se há séculos ela havia gradualmente começado a deitar-se, da inscrição ereta tornou-se manuscrito repousando oblíquo sobre escrivaninhas, para afinal acamar-se na impressão, ela começa agora, com a mesma lentidão, a erguer-se novamente do chão. Já o jornal é lido mais a prumo que na horizontal, filme e reclames forçam a escrita a submeter-se de todo à ditatorial verticalidade. E, antes que um contemporâneo chegue a abrir um livro, caiu sobre seus olhos um tão denso turbilhão de letras cambiantes, coloridas, conflitantes, que as chances de sua penetração na arcaica quietude do livro se tornaram mínimas. Nuvens de gafanhotos de escritura, que hoje já obscurecem o céu do pretenso espírito para os habitantes das grandes cidades, se tornarão mais densas a cada ano seguinte. Outras exigências da vida dos negócios levam mais além. A cartoteca traz consigo a conquista da escrita tridimensional, portanto um surpreendente contraponto à tridimensionalidade da escrita em suas origens como runa ou escritura de nós. (E hoje já é o livro, como ensina o atual modo de produção científico, uma antiquada mediação entre dois diferentes sistemas de cartoteca. Pois todo o essencial encontra-se na caixa de fichas do pesquisador que o escreveu e o cientista que nele estuda assimila-o à sua própria cartoteca.) Mas está inteiramente fora de dúvida que o desenvolvimento da escrita não permanece atado, a perder de vista, aos decretos de um caótico labor em ciência e economia, antes está chegando o momento em que quantidade vira em qualidade e a escritura, que avança sempre mais profundamente dentro do domínio gráfico de sua nova, excêntrica figuralidade, tomará posse, de uma só vez, de seu teor adequado. Nessa escrita-imagem os poetas, que então, como nos tempos primitivos, serão primeiramente e antes de tudo calígrafos, só poderão colaborar se explorarem os domínios nos quais (sem fazer muito alarde de si) sua construção se efetua: os do diagrama estatístico e técnico. Com a fundação de uma escrita conversível internacional eles renovarão sua autoridade na vida dos povos e encontrarão um papel em comparação ao qual todas as aspirações de renovação da retórica se demonstrarão como devaneios góticos.

MATERIAL ESCOLAR

*Princípios dos catataus
ou a arte de fazer livros grossos*

I. O desenvolvimento inteiro tem de ser entretecido pela permanente exposição palavrosa do projeto.

II. Devem ser introduzidos termos para conceitos que fora dessa definição mesma não aparecem mais no livro inteiro.

III. As distinções conceituais laboriosamente conquistadas no texto devem, nas notas às passagens correspondentes, ser novamente apagadas.

IV. Para conceitos sobre os quais só se trata em sua significação geral devem ser dados exemplos: onde, por exemplo, se falar de máquinas, devem ser enumeradas todas as espécies delas.

V. Tudo aquilo que está firmado *a priori* sobre um objeto deve ser confirmado com uma abundância de exemplos.

VI. Correlações que podem ser expostas graficamente têm de ser desenvolvidas em palavras. Em lugar, por exemplo, de desenhar uma árvore genealógica, todas as relações de parentesco devem ser pormenorizadas e descritas.

VII. De vários oponentes aos quais é comum a mesma argumentação, cada um deve ser refutado individualmente.

A obra média do cientista de hoje quer ser lida como um catálogo. Mas quando se chegará ao ponto de escrever livros como catálogos? Se o interior ruim penetrou no exterior dessa forma, surge então um excelente texto, em que o valor das opiniões é cifrado, sem que com isso elas fossem postas à venda.

A máquina de escrever só tornará alheia à caneta a mão do literato quando a exatidão das formações tipográficas entrar imediatamente na concepção de seus livros. Provavelmente serão necessários então novos sistemas, com configuração de escrita mais variável. Eles colocarão a inervação dos dedos que comandam no lugar da mão cursiva.

Um período que, metricamente concebido, é posteriormente perturbado em seu ritmo, em uma única passagem, faz a mais bela frase em prosa que se pode pensar. Assim, por uma pequena brecha no muro, cai um raio de luz no gabinete do alquimista e faz relampejar cristais, esferas e triângulos.

ALEMÃO BEBE CERVEJA ALEMÃ!

A plebe está possuída por aquele ódio frenético contra a vida espiritual, que reconheceu na contagem dos corpos a garantia para o aniquilamento dela. Onde quer que se lhes permita, eles se colocam em fila, sob o fogo da artilharia ou a caminho do armazém eles se acotovelam em ordem de marcha. Nenhum vê mais adiante do que as costas do homem da frente, e cada qual se orgulha de ser, dessa forma, modelo para o seguinte. Isso os homens aprenderam há séculos no campo de batalha, mas a marcha de parada da miséria, o fazer fila, foram as mulheres que inventaram.

PROIBIDO COLAR CARTAZES!

A técnica do escritor em treze teses

I. Quem tem a intenção de passar à redação de uma obra mais

extensa procure seu bem-estar e permita-se, depois da tarefa concluída, tudo o que não prejudica a continuação.

II. Fale do realizado, se quiser; contudo, durante o decorrer do trabalho, não leia nada dele para outros. Toda satisfação que você se proporciona através disso bloqueia seu ritmo. Com a observância desse regime, o crescente desejo de comunicação acaba tornando-se motor do acabamento.

III. Nas circunstâncias de trabalho, procure escapar à mediania do cotidiano. Meia tranquilidade, acompanhada de ruídos insípidos, degrada. Em contrapartida, o acompanhamento de um estudo musical ou de uma confusão de vozes pode tornar-se tão significativo para o trabalho quanto a perceptível quietude da noite. Se esta aguça o ouvido interior, aquele se torna a pedra de toque de uma dicção cuja própria plenitude sepulta em si os ruídos excêntricos.

IV. Evite utensílios quaisquer. A pedante fixação a certos papéis, penas, tintas, é de utilidade. Não luxo, mas abundância desses utensílios é indispensável.

V. Não deixe nenhum pensamento passar incógnito e mantenha seu caderno de notas tão rigorosamente quanto a autoridade constituída mantém o registro de estrangeiros.

VI. Torne sua pena esquiva à inspiração, e ela a atrairá com a força do ímã. Quanto mais refletidamente você retarda a redação de uma ideia que ocorre, mais maduramente desdobrada ela se oferecerá a você. A fala conquista o pensamento, mas a escrita o domina.

VII. Jamais deixe de escrever porque nada mais lhe ocorre. É um mandamento da honra literária só interromper quando um prazo (uma refeição, um encontro marcado) deve ser observado ou a obra está terminada.

VIII. Preencha a suspensão da inspiração passando a limpo o realizado. Com isso a intuição despertará.

IX. *Nulla dies sine linea* — mas talvez semanas.

X. Nunca considere como perfeita uma obra sobre a qual não se sentou uma vez desde a noite até o dia claro.

XI. Não escreva a conclusão da obra no local de trabalho habitual. Nele você não encontraria a coragem para isso.

XII. Graus da composição: pensamento — estilo — escrita. O sentido de passar a limpo é que, em sua fixação, a atenção diz respeito somente à caligrafia. O pensamento mata a inspiração, o estilo acorrenta o pensamento, a escrita remunera o estilo.

XIII. A obra é a máscara mortuária da concepção.

Treze teses contra esnobes

(Esnobe no escritório privado da crítica de arte. À esquerda, um desenho de criança, à direita, um fetiche. Esnobe: "Com isso Picasso inteiro pode arrumar as malas".)

I. O artista faz uma obra.	O primitivo exprime-se em documentos.
II. A obra de arte só acessoriamente é um documento.	Nenhum documento como tal é obra de arte.
III. A obra de arte é uma obra de mestre.	O documento serve como obra didática.
IV. Na obra de arte artistas aprendem o *métier*.	Diante de documentos um público é educado.
V. Obras de arte mantêm-se longe uma da outra pela perfeição.	Na materialidade todos os documentos se comunicam.
VI. Conteúdo e forma são na obra de arte um só: teor.	Nos documentos reina inteiramente a matéria.

VII. Teor é o provado.
VIII. Na obra de arte a matéria é um lastro que a contemplação joga fora.
IX. Na obra de arte a lei formal é central.
X. A obra de arte é sintética: central de forças.
XI. À visão repetida uma obra de arte intensifica-se.
XII. A virilidade das obras está no ataque.
XIII. O artista sai à conquista de teores.

Matéria é o sonhado. Quanto mais profundamente nos perdemos num documento, mais densamente: matéria.
Nos documentos há formas somente em debandada.
A fecundidade do documento quer: análise.

Um documento só subjuga pela surpresa.

Para o documento sua inocência é uma cobertura.
O homem primitivo entrincheira-se atrás de matérias.

A técnica do crítico em treze teses

I. O crítico é estrategista na batalha da literatura.

II. Quem não é capaz de tomar partido tem de calar-se.

III. O crítico não tem nada que ver com o intérprete de épocas artísticas passadas.

IV. A crítica tem de falar na língua dos artistas. Pois os conceitos do cenáculo são senhas. E somente nas senhas soa o grito de batalha.

V. Sempre a "objetividade" tem de ser sacrificada ao espírito de partido, se é digna disso a causa em torno da qual se trava a batalha.

VI. A crítica é uma causa moral. Se Goethe não reconheceu

Hölderlin e Kleist, Beethoven e Jean Paul, isso não concerne a seu discernimento artístico, mas sua moral.

VII. Para o crítico são seus colegas a instância superior. Não o público. Menos ainda a posteridade.

VIII. A posteridade esquece ou celebra. Só o crítico julga no rosto do autor.

IX. Polêmica significa aniquilar um livro em poucas de suas frases. Quanto menos se o estuda, melhor. Só quem é capaz de aniquilar é capaz de criticar.

X. A polêmica genuína põe um livro diante de si tão amorosamente quanto um canibal prepara para si um bebê.

XI. Entusiasmo artístico é alheio ao crítico. A obra de arte em suas mãos é a arma branca na batalha dos espíritos.

XII. A arte do crítico *in nuce*: cunhar palavras de ordem sem trair as ideias. Palavras de ordem de uma crítica insatisfatória traficam os pensamentos com a moda.

XIII. O público deve ser constantemente injustiçado, e no entanto sentir-se sempre representado pelo crítico.

Nº 13

Treize — j'eus un plaisir cruel de m'arreter sur ce nombre.[2]

Marcel Proust

Le reploiment vierge du livre, encore, prête à un sacrifice dont saigna la tranche rouge des anciens

---

[2] "Treze — tive um prazer cruel em deter-me nesse número." (N. do T.)

> *tomes; l'introduction d'une arme, ou coupe-papier, pour établir la prise de possession.*[3]
>
> Stéphane Mallarmé

I. Livros e putas podem-se levar para a cama.

II. Livros e putas entrecruzam o tempo. Dominam a noite como o dia e o dia como a noite.

III. Ao ver livros e putas ninguém diz que os minutos lhes são preciosos. Mas quem se deixa envolver mais de perto com eles, só então nota como têm pressa. Fazem contas, enquanto afundamos neles.

IV. Livros e putas têm entre si, desde sempre, um amor infeliz.

V. Livros e putas — cada um deles tem sua espécie de homens que vivem deles e os atormentam. Os livros, os críticos.

VI. Livros e putas em casas públicas — para estudantes.

VII. Livros e putas — raramente vê seu fim alguém que os possuiu. Costumam desaparecer antes de perecer.

VIII. Livros e putas contam tão de bom grado e tão mentirosamente como se tornaram o que são. Na verdade eles próprios muitas vezes nem o notam. Anos a fio alguém vai-se entregando a tudo "por amor" e um dia está lá como *corpus* bem corpóreo, na ronda das calçadas, aquilo que "para fins de estudo" sempre pairava somente acima delas.

IX. Livros e putas gostam de voltar as costas quando se expõem.

X. Livros e putas remoçam muito.

---

[3] "O redobramento virgem do livro, ainda, presta-se a um sacrifício de que sangra o corte vermelho dos antigos tomos; a introdução de uma arma, ou corta-papel, para estabelecer a tomada de posse." (N. do T.)

XI. Livros e putas — "Velha beata — jovem devassa". Quantos livros não foram mal reputados, nos quais hoje a juventude deve aprender.

XII. Livros e putas trazem suas rixas diante das pessoas.

XIII. Livros e putas — notas de rodapé são para uns o que são, para as outras, notas de dinheiro na meia.

ARMAS E MUNIÇÃO

Eu havia chegado a Riga para visitar uma amiga. Sua casa, a cidade, a língua, me eram desconhecidos. Nenhum ser humano me esperava, ninguém me conhecia. Andei duas horas, solitário, pelas ruas. Nunca mais tornei a vê-las assim. De cada portal de casa lançava-se um jato de chamas, cada pedra de esquina espalhava centelhas e cada bonde vinha chegando como o corpo de bombeiros. Ela podia, sim, sair pelo portal, dobrar a esquina e estar sentada no bonde. De nós dois, porém, tinha de ser eu, a qualquer preço, o primeiro que vê o outro. Pois se ela tivesse posto sobre mim a mecha de seu olhar — eu teria tido de voar pelos ares como um depósito de munições.

PRIMEIROS SOCORROS

Um bairro extremamente confuso, uma rede de ruas, que anos a fio eu evitara, tornou-se para mim, de um só lance, abarcável numa visão de conjunto, quando um dia uma pessoa amada se mudou para lá. Era como se em sua janela um projetor estivesse instalado e decompusesse a região com feixes de luz.

ARQUITETURA INTERNA

O tratado é uma forma arábica. Seu exterior é indiferenciado e não chama a atenção, correspondendo à fachada de construções árabes, cuja articulação só começa no vestíbulo. Assim também a estrutura articulada do tratado não é perceptível do exterior e só se abre pelo interior. Se capítulos o formam, não são sobrescritos verbalmente, mas designados por cifras. A superfície de suas deliberações não é pictoricamente vivificada, mas antes coberta com as redes do ornamento que se vai enrodilhando sem ruptura. Na densidade ornamental dessa exposição desaparece a diferença entre desenvolvimentos temáticos e excursivos.

ARTIGOS DE PAPELARIA

Plano Pharus. Conheço uma que é de espírito ausente. Onde para mim são usuais os nomes de meus fornecedores, o local de guarda de documentos, endereços de meus amigos e conhecidos, a hora de um encontro marcado, ali se fixaram, para ela, conceitos políticos, palavras de ordem do partido, fórmulas de profissão de fé e ordens. Ela vive em uma cidade de senhas e mora em um bairro de vocábulos conjurados e irmanados, onde cada ruela adota cores e cada palavra tem por eco um grito de batalha.

Caderno de votos. "Um caniço brota e vem — Trazer doçura a mundos — Que de minha caneta também — Possam fluir doçuras!" — isso se segue a "Bem-aventurada nostalgia", como uma pérola que rolou da concha aberta.

CALENDÁRIO DE BOLSO. Pouca coisa é tão característica do homem nórdico quanto isto: que, quando ama, ele precisa antes de tudo, uma vez e a qualquer preço, ficar a sós consigo mesmo, precisa, em primeiro lugar, contemplar, fruir ele mesmo seu sentimento, antes de ir até a mulher e declará-lo.

PESO DE PAPÉIS. Place de la Concorde: obelisco. Aquilo que há quatro mil anos foi sepultado ali está hoje no centro da maior de todas as praças. Se isso lhe fosse profetizado — que triunfo para o faraó! O primeiro império cultural do Ocidente trará um dia em seu centro o monumento comemorativo de seu reinado. Que aspecto tem, na verdade, essa glória? Nenhum dentre dez mil que passam por aqui se detêm; nenhum dentre dez mil que se detêm pode ler a inscrição. Assim toda glória cumpre o prometido, e nenhum oráculo a iguala em astúcia. Pois o imortal está aí como esse obelisco: ordena um trânsito espiritual que lhe ruge ao redor, e para ninguém a inscrição que está sepultada ali é de utilidade.

ARTIGOS DE FANTASIA

Incomparável linguagem da caveira: total ausência de expressão — o negro de suas órbitas oculares — unida à expressão mais selvagem — as arcadas dentárias arreganhadas.

Alguém que se crê abandonado lê e dói-lhe que a página que quer virar já está cortada, que nem sequer ela precisa mais dele.

Os presentes precisam corresponder tão profundamente ao presenteado que ele se assuste.

Quando um amigo apreciado, culto e elegante me enviou seu novo livro, surpreendi-me, na iminência de abri-lo, endireitando minha gravata.

Quem observa as formas de trato, mas rejeita a mentira, é como alguém que se veste na moda, mas não usa camisa sobre o corpo.

Se a fumaça na boquilha dos cigarros e a tinta na caneta tivessem fluxo igualmente fácil, eu estaria na Arcádia de minha arte de escritor.

Ser feliz significa poder tomar consciência de si mesmo sem susto.

AMPLIAÇÕES

Criança lendo. Da biblioteca da escola recebe-se um livro. Nas classes inferiores é feita uma distribuição. Só uma vez e outra ousa-se um desejo. Muitas vezes veem-se livros cobiçosamente desejados chegar a outras mãos. Por fim, recebia-se o seu. Por uma semana estava-se inteiramente entregue ao empuxo do texto, que envolvia branda e secretamente, densa e incessantemente como flocos de neve. Dentro dele se entrava com confiança sem limites. Quietude do livro, que seduzia mais e mais! Cujo conteúdo nem era tão importante. Pois a leitura caía ainda no tempo em que se inventavam histórias para si próprio na cama. Seus caminhos semiencobertos de neve a criança rastreia. Ao ler, ela mantém as orelhas tapadas; seu livro fica sobre a mesa alta demais e uma das mãos fica sempre pousada sobre a folha. Para ela as aventuras do herói são legíveis ainda no redemoinho das letras como figura e mensagem no empuxo dos flocos. Sua respiração está no ar dos acontecimentos e todas as figuras lhe sopram. Ela está misturada entre as personagens muito mais de perto que o adulto. É indizivelmente concernida pelo acontecer e pelas palavras trocadas e, quando se levanta, está totalmente coberta pela neve do lido.

Criança que chegou atrasada. O relógio do vestíbulo da escola parece lesado por culpa sua. Marca "Atraso". E, no corredor, das portas das classes pelas quais ela passa de mansinho, filtra-se um murmurar de secreta deliberação. Professores e estudantes, atrás delas, são amigos. Ou tudo silencia, como se esperassem por alguém. Inaudivelmente ela coloca a mão sobre a maçaneta. O sol embebe o local onde ela está. Então ela injuria o dia verde e abre. Ouve a voz professoral matraquear como uma roda de moinho; está diante da engrenagem do moinho. A voz matraqueante mantém sua cadência, mas agora os serventes deitam tudo abaixo e sobre a recém-chegada; dez, vinte pesadas sacas voam sobre ela, e ela tem de carregá-las até o banco. Em sua mantilha, cada fio está empoeirado de branco. Como uma pobre alma à meia-noite, ela faz ruído a cada passo, e ninguém a vê. Se então se senta em seu lugar, ocupa-se mansamente até o toque do sino. Mas não há nenhuma bênção nisso.

Criança petiscando. Na fresta do guarda-comida entreaberto penetra sua mão, como um amante através da noite. Quando então, na escuridão, ela se sente em casa, tateia em busca de açúcar ou amêndoas, de uvas-passas ou frutas em conserva. E assim como o amante, antes de beijá-la, abraça sua amada, assim o tato tem com eles um encontro marcado, antes que a boca prove sua doçura. Como se entrega o mel, como se entregam os cachos de passas de Corinto, como até mesmo o arroz se entrega lisonjeiramente à mão. Que apaixonado esse encontro dos dois, que agora enfim escaparam da colher. Grata e selvagem, como uma moça que foi raptada da casa dos pais, a compota de morango se dá a saborear aqui sem pãezinhos e, por assim dizer, sob o livre céu de Deus, e até mesmo a manteiga responde com ternura à ousadia de seu conquistador, que penetrou de assalto em seu quarto de donzela. A mão, Don Juan juvenil, logo penetrou em todas as celas e aposentos, deixando para trás camadas que escorrem e massas que fluem: donzelice que se renova sem queixa.

Criança andando de carrossel. A prancha com os animais prestadios gira rente ao chão. Tem a altura em que melhor se sonha voar. Começa a música e num solavanco gira a criança, afastando-se da mãe. Primeiro, ela tem medo de deixar a mãe. Mas, em seguida, nota como ela própria é fiel. Ocupa o trono, como fiel senhor, sobre um mundo que lhe pertence. Na tangente, árvores e nativos formam alas. Então, em um oriente, emerge novamente a mãe. Em seguida, sai da floresta virgem um cimo, tal como a criança já o viu há milênios, tal como o viu pela primeira vez, justamente, no carrossel. Seu animal lhe é dedicado: como um Árion mudo ela viaja sobre seu peixe mudo, um Zeus-touro de madeira rapta-a como Europa imaculada. Há muito o eterno retorno de todas as coisas tornou-se sabedoria de criança e a vida, uma antiquíssima embriaguez de dominação, com a retumbante orquestra, no centro, como tesouro da coroa. Se ela toca mais lentamente, o espaço principia a gaguejar e as árvores começam a voltar a si. O carrossel se torna base insegura. E emerge a mãe, a estaca multiplamente cravada, em torno da qual a criança que chega em terra enrosca a amarra de seu olhar.

Criança desordeira. Cada pedra que ela encontra, cada flor colhida e cada borboleta capturada já é para ela princípio de uma coleção, e tudo que ela possui, em geral, constitui para ela uma coleção única. Nela essa paixão mostra sua verdadeira face, o rigoroso olhar índio, que, nos antiquários, pesquisadores, bibliômanos, só continua ainda a arder turvado e maníaco. Mal entra na vida, ela é caçador. Caça os espíritos cujo rastro fareja nas coisas; entre espíritos e coisas ela gasta anos, nos quais seu campo de visão permanece livre de seres humanos. Para ela tudo se passa como em sonhos: ela não conhece nada de permanente; tudo lhe acontece, pensa ela, vai-lhe de encontro, atropela-a. Seus anos de nômade são horas na floresta do sonho. De lá ela arrasta a presa para casa, para limpá-la, fixá-la, desenfeitiçá-la. Suas gavetas têm de tornar-se casa de armas e zoológico, museu criminal e cripta. "Arrumar" significaria aniquilar uma construção cheia de castanhas espinhosas que são maças medievais, papéis de estanho que são um tesouro de prata, cubos de madeira que são ataúdes, cactos que são totens e tostões de cobre que são escudos. No armário de roupas de casa da mãe, na biblioteca do pai, ali a criança já ajuda há muito tempo, quando no próprio distrito ainda é sempre o anfitrião inconstante, aguerrido.

CRIANÇA ESCONDIDA. Ela já conhece na casa todos os esconderijos e retorna para dentro deles como quem volta para uma casa onde se está seguro de encontrar tudo como antigamente. Bate-lhe o coração, ela segura a respiração. Aqui ela está encerrada no mundo da matéria. Ele se torna descomunalmente claro para ela, chega-lhe perto sem fala. Assim somente alguém que é enforcado toma consciência do que são corda e madeira. A criança que está atrás da cortina torna-se ela mesma algo ondulante e branco, um fantasma. A mesa de refeições sob a qual ela se acocorou a faz tornar-se ídolo de madeira do templo onde as pernas entalhadas são as quatro colunas. E atrás de uma porta ela própria é porta, está revestida dela como de pesada máscara e, como mago-sacerdote, enfeitiçará todos os que entram sem pressentir nada. A nenhum preço ela pode ser achada. Quando ela faz caretas dizem-lhe que basta o relógio bater e ela terá de permanecer assim. O que há de verdadeiro nisso ela sabe no esconderijo. Quem a descobre pode fazê-la enrijecer como ídolo debaixo da mesa, entretecê-la para sempre como fantasma no pano da cortina, encantá-la pela vida inteira dentro da pesada porta. Por isso, com um grito alto ela faz partir o demônio que a transformaria assim, para que ninguém a visse, quando quem a encontra a pega — aliás, nem espera esse momento, antecipa-o com um grito de autolibertação. Por isso ela não se cansa do combate com o demônio. A casa, para isso, é o arsenal das máscaras. Contudo, uma vez por ano, em lugares secretos, em suas órbitas oculares vazias, em sua boca rígida, há presentes. A experiência mágica se torna ciência. A criança, como seu engenheiro, desenfeitiça a sombria casa paterna e procura ovos de Páscoa.

ANTIGUIDADES

Medalhão. Em tudo aquilo que, com fundamento, é denominado belo, faz efeito de paradoxo o fato de que apareça.

Moinho de orações. Só alimenta vitalmente a vontade a imagem representada. Com a mera palavra, em contrapartida, ela pode no máximo inflamar-se, para em seguida continuar a arder chamuscada. Não há vontade sã sem a exata representação imagética. Não há representação sem inervação. Ora, a respiração é sua mais refinada regulagem. A pronúncia das fórmulas é um cânon dessa respiração. Daí a prática de ioga que medita respirando sobre as sílabas sagradas. Daí sua onipotência.

COLHER ANTIGA. Uma coisa está reservada aos épicos maiores: poder cevar seus heróis.

MAPA ANTIGO. Em um amor a maioria procura eterno lar. Outros, muito poucos, porém, o eterno viajar. Estes últimos são melancólicos, que têm a temer o contato com a terra-mãe. Quem mantiver longe deles a melancolia do lar é quem eles procuram. A este mantêm fidelidade. Os livros medievais de complexões sabem da aspiração dessa espécie de homens por longas viagens.

LEQUE. Ter-se-á feito a seguinte experiência: quando se ama alguém, ou mesmo quando se está apenas intensamente ocupado com ele, encontra-se quase em todo livro seu retrato. E, aliás, ele aparece como protagonista e como antagonista. Nas narrativas, romances e novelas, ele comparece em metamorfoses sempre novas. E disto se segue: a faculdade da fantasia é o dom de interpolar no infinitamente pequeno, descobrir para cada intensidade, como extensiva, sua nova plenitude comprimida, em suma tomar cada imagem como se fosse a do leque fechado, que só no desdobramento toma fôlego e, com a nova amplitude, apresenta os traços da pessoa amada em seu interior.

RELEVO. Está-se junto com a mulher que se ama, fala-se com ela. Então, semanas ou meses mais tarde, quando se está separado dela, volta à mente aquilo de que se conversou. E agora o tema está ali, banal, cru, sem profundidade, e se reconhece: somente ela, que por amor se debruçou profundamente sobre ele, sombreou-o e protegeu-o diante de nós, de tal modo que, como um relevo, em todas as dobras e todos os ângulos, o pensamento vivia. Se estamos a sós, como agora, ele jaz raso, sem consolo e sem sombra, à luz de nosso conhecimento.

Torso. Somente quem soubesse considerar o próprio passado como fruto da coação e da necessidade seria capaz de fazê-lo, em cada presente, valioso ao máximo para si. Pois aquilo que alguém viveu é, no melhor dos casos, comparável à bela figura à qual, em transportes, foram quebrados todos os membros, e que agora nada mais oferece a não ser o bloco precioso a partir do qual ele tem de esculpir a imagem de seu futuro.

RELÓGIOS E OURIVESARIA

Quem vê diante de si o nascer do Sol, acordado, vestido, em um passeio por exemplo, conserva o dia inteiro, diante de todos os outros, a soberania de alguém invisivelmente coroado e, para quem ele irrompeu durante o trabalho, para este é, por volta do meio-dia, como se ele mesmo se tivesse cingido a coroa.

Como relógio da vida, no qual os segundos só se apressam, está suspenso sobre as personagens de romance o número das páginas. Qual leitor já não teria uma vez lançado a ele um olhar fugidio, angustiado?

Sonhei que eu — livre-docente recém-desenformado — estou caminhando em companhia de Roethe, em conversa amistosa, como entre colegas, através dos amplos espaços de um museu, cujo diretor é ele. Enquanto ele, num cômodo ao lado, conversa com um funcionário, chego diante de uma vitrine. Nela, ao lado de outros objetos, bem menores, que estão espalhados, está o busto, quase em tamanho natural, metálico ou esmaltado, espelhando foscamente a luz, de uma mulher, não sem semelhança com a assim chamada Flora de Leonardo do Museu de Berlim. A boca dessa cabeça áurea está aberta e sobre os dentes da mandíbula inferior estão distribuídos, a intervalos bem medidos, adornos, que em parte pendem para fora da boca. Para mim não havia dúvida de que era um relógio. (Temas do sonho: o vermelho-de-vergonha [*Scham-Roethe*]; a hora matinal tem ouro na boca; "A cabeça, com a massa da cabeleira escura/ E de suas joias preciosas,/ Sobre o criado-mudo, como um ranúnculo,/ Repousa." Baudelaire.)

LÂMPADA DE ARCO

Unicamente conhece um ser humano aquele que o ama sem esperança.

LOGGIA

Gerânio. Dois seres que se amam apegam-se acima de tudo a seus nomes.

Cravina. Para quem ama, o ser amado aparece sempre como solitário.

Asfódelo. Quem é amado, fecha-se atrás dele o abismo do sexo, assim como o da família.

Flor de cacto. Quem ama verdadeiramente alegra-se quando o ser amado, numa disputa, não tem razão.

Miosótis. A recordação vê o ser amado sempre em miniatura.

FOLHAGEM. Se surge diante da união um obstáculo, logo se instala a fantasia de uma convivência sem defeito na velhice.

GUICHÊ DE ACHADOS E PERDIDOS

OBJETOS PERDIDOS. O que torna tão incomparável e tão irrecuperável a primeiríssima visão de uma aldeia, de uma cidade na paisagem, é que nela a distância vibra na mais rigorosa ligação com a proximidade. O hábito ainda não fez sua obra. Uma vez que começamos a nos orientar, a paisagem de um só golpe desapareceu, como a fachada de uma casa quando entramos. Ainda não adquiriu uma preponderância através da investigação constante, transformada em hábito. Uma vez que começamos a nos orientar no local, aquela imagem primeira não pode nunca restabelecer-se.

OBJETOS ENCONTRADOS. A distância azul, que não cede lugar a nenhuma proximidade e, inversamente, não se desfaz com a aproximação, que não está ali espalhafatosa e prolixa quando se chega perto, mas apenas se erige mais fechada e mais ameaçadora à nossa frente, é a distância pintada do bastidor. Isso dá aos cenários teatrais seu caráter incomparável.

PARADA PARA NÃO MAIS DE TRÊS CARRUAGENS

Eu estava num ponto há dez minutos e esperava um ônibus. "*L'Intran... Paris-Soir... La Liberté*" — gritava atrás de mim ininterruptamente, em inalterada cadência, uma jornaleira. "*L'Intran...*

Paris-Soir... La Liberté" — uma cela de cadeia, de desenho, triangular. Vi diante de mim o quanto ela parecia vazia nos ângulos.

Vi em sonho "uma casa mal-afamada". "Um hotel, no qual um animal é corrompido. Quase todos só bebem água animal corrompida." Sonhei com essas palavras e prontamente voltei a despertar, sobressaltado. Por excessivo cansaço eu me havia atirado ao leito vestido, no quarto iluminado, e havia imediatamente, por alguns segundos, caído no sono.

Há nos casarões de aluguel uma música de tão mortalmente triste desenvoltura que não se quer acreditar que ela seja para quem está tocando: é música para os cômodos mobiliados, onde alguém se senta aos domingos mergulhado em pensamentos, que logo se guarnecerão com essas notas, como uma bandeja de frutas excessivamente maduras se guarnece com folhas murchas.

MONUMENTO AO GUERREIRO

KARL KRAUS. Nada mais desconsolado que seus adeptos, nada mais abandonado de Deus que seus oponentes. Nenhum nome que fosse mais decorosamente honrado pelo silêncio. Em uma armadura antiquíssima, sorrindo ferozmente, um ídolo chinês, brandindo nas duas mãos a espada desembainhada, ele dança a dança de guerra diante do mausoléu da língua alemã. Ele, que é "apenas um dos epígonos que habitam a velha casa da língua", tornou-se o guarda-chaves de sua cova. Em guarda diurna e noturna ele persevera. Nenhum posto foi jamais mantido mais fielmente e nenhum foi mais perdido. Aqui está aquele que do mar de lágrimas de seus contemporâneos extrai água como uma danaide, e de quem o penhasco que deve sepultar seus inimigos rola das mãos como de Sísifo. O que há de mais desvalido que sua conversão? O que há de mais impotente que sua humanidade? O que há de mais sem esperanças que seu combate com a imprensa? O que sabe ele dos poderes verdadeiramente aliados a ele? No entanto, que vidência dos novos mágicos se pode comparar com a espreita desse mago-sacerdote, ao qual uma língua defunta inspira até mesmo as palavras? Quem jamais conjurou um espírito como Kraus, nos "Abandonados", conjura a "Bem-aventurada Nostalgia", como se ela nunca tivesse sido composta antes? Tão desvalidamente como só se fazem ouvir vozes de espíritos, o murmúrio saído de uma profundeza tectônica da língua lhe faz profecias. Cada som é incomparavelmente genuíno, mas todos eles deixam perplexo, como conversa de espíritos. Cega como os manes, a língua o conclama à vingança, bitolada como espíritos que só conhecem a voz do sangue, para os quais é indiferente o que ocasionam no reino dos vivos. Mas ele não pode errar. Infalíveis são seus mandatos. Quem lhe cai nos braços já está julgado; seu próprio nome torna-se, nessa boca, julgamento. Quando ele o dilacera, a chama incolor do humor paira-lhe sobre os lábios. E que ninguém, que percorra os caminhos da vida, tropece com ele. Em um arcaico campo de honra, gigantesco campo de batalha de um trabalho sangrento, ele vocifera diante de um monumento funerário abandonado. As honras de sua morte serão imensuráveis, as últimas a serem dispensadas.

ALARME DE INCÊNDIO

A representação da luta de classes pode induzir em erro. Não se trata nela de uma prova de força, em que seria decidida a questão: quem vence, quem é vencido? Não se trata de um combate após cujo desfecho as coisas irão bem para o vencedor, mal para o vencido. Pensar assim é encobrir romanticamente os fatos. Pois, possa a burguesia vencer ou ser vencida na luta, ela permanece condenada a sucumbir pelas contradições internas que no curso do desenvolvimento se tornam mortais para ela. A questão é apenas se ela sucumbirá por si própria ou através do proletariado. A permanência ou o fim de um desenvolvimento cultural de três milênios são decididos pela resposta a isso. A história nada sabe da má infinitude na imagem dos dois combatentes eternamente lutando. O verdadeiro político só calcula em termos de prazos. E se a eliminação da burguesia não estiver efetivada até um momento quase calculável do desenvolvimento econômico e técnico (a inflação e a guerra de gases o assinalam), tudo está perdido. Antes que a centelha chegue à dinamite, é preciso que o pavio que queima seja cortado. Ataque, perigo e ritmo do político são técnicos — não cavalheirescos.

LEMBRANÇAS DE VIAGEM

ATRANI. A escada barroca abaulada subindo mansamente para a igreja. A grade atrás da igreja. As litanias das velhas na hora das ave-marias: instrução na classe primária dos mortos. Quando nos voltamos, a igreja, então, como o próprio Deus, limita-se com o mar. Todas as manhãs a era cristã desponta no penhasco, mas entre os muros ali embaixo a noite se dissolve sempre de novo nos quatro antigos quarteirões romanos. Vielas como poços de ventilação. Na praça do mercado uma fonte. No fim da tarde mulheres em volta. Depois solitária: murmúrio arcaico.

Marinha. A beleza dos grandes navios veleiros é de espécie única. Pois não só em seu contorno permaneceram inalterados através de séculos, mas aparecem na mais imutável das paisagens: no mar, destacados contra o horizonte.

Fachada de Versalhes. É como se se tivesse esquecido esse castelo ali onde há tantos e tantos séculos o erigiram *"par ordre du roi"* para servir por duas horas somente como cenário de uma *féerie*. De seu esplendor ele não guarda nada para si, dá-o inteiro àquele local régio que confina com ele. Diante desse pano de fundo ele se torna o palco sobre o qual a monarquia absoluta foi tragicamente encenada como balé alegórico. Hoje, contudo, ele é apenas a parede cuja sombra se procura, para fruir da perspectiva ao infinito que Le Nôtre criou.

Castelo de Heidelberg. Ruínas, cujos destroços ressaltam contra o céu, aparecem às vezes duplamente belas em dias claros, quando o olhar encontra em suas janelas ou à cabeceira as nuvens que passam. A destruição fortalece, pelo espetáculo perecível que abre no céu, a eternidade desses destroços.

Alcazar de Sevilha. Uma arquitetura que segue o primeiro impulso da fantasia. É intocada por preocupações práticas. Somente sonhos e festas, realização destes, estão previstos nos altos aposentos. Ali dentro dança e silêncio se tornam *leitmotiv*, porque todo movimento humano é sorvido pelo quieto burburinho da ornamentação.

Catedral de Marselha. Na praça mais vazia de gente, mais ensolarada, ergue-se a catedral. Aqui tudo é morto, embora ao sul, a seus pés, La Joliette, o porto, e ao norte um quarteirão proletário estejam contíguos. Como praça de comércio para mercadoria impalpável, impenetrável, ali se ergue o ermo edifício entre molhe e depósito. Por quarenta anos investiu-se ali. Contudo, quando então em 1893 estava tudo pronto, lugar e tempo haviam-se conjurado vitoriosamente contra arquitetos e mestres de obras, nesse monumento, e dos ricos recursos do clero nasceu uma estação gigantesca, que nunca pôde ser entregue ao trânsito. Da fachada são reconhecíveis as salas de espera no interior, onde viajantes da primeira à quarta classe (contudo, diante de Deus, eles são todos iguais), entalados, como entre malas, em seus bens espirituais, estão sentados e leem livros de cânticos que, com suas concordâncias e correspondências, têm aspecto muito semelhante ao dos guias ferroviários internacionais. Extratos das ordens de serviço ferroviário estão suspensos, em forma de cartas pastorais, às paredes, tarifas para a indulgência nas viagens especiais no trem de luxo de Satã são consultadas e gabinetes onde aquele que fez longa viagem pode discretamente lavar-se são mantidos de prontidão em forma de confessionários. É a estação da religião em Marselha. Trens com vagões-dormitório com destino à eternidade são, na hora da missa, expedidos daqui.

CATEDRAL DE FREIBURG. Com o sentimento pátrio mais próprio de uma cidade associa-se, para seus habitantes — e talvez até, ainda, na lembrança, para os viajantes que ali se demoraram —, o som e o intervalo com que se inicia a batida dos relógios de suas torres.

CATEDRAL SÃO BASÍLIO DE MOSCOU. O que a madona bizantina tem nos braços é apenas um boneco de madeira em tamanho natural. Sua expressão de dor ante um Cristo cuja condição de criança permanece apenas sugerida, apenas representada, é mais intensa do que ela jamais poderia ostentá-la com uma imagem verdadeira de menino.

BOSCOTRECASE. Nobreza das florestas de pinheiros: seu teto é formado sem entrelaçamentos.

MUSEU NACIONAL DE NÁPOLES. Estátuas arcaicas trazem ao encontro do observador, no sorrir, a consciência de seu corpo, como uma criança ergue ao nosso encontro desatadas e dispersas as flores frescamente colhidas, enquanto a arte mais tardia vinca mais rigorosamente as expressões faciais, como o adulto que enlaça com ervas cortantes o ramalhete duradouro.

BATISTÉRIO DE FLORENÇA. Sobre o portal a *Spes* de Andrea Pisano. Está sentada e, desvalida, ergue os braços em direção a um fruto que lhe permanece inalcançável. Contudo é alada. Nada é mais verdadeiro.

CÉU. Em sonho saí de uma casa e olhei o céu noturno. Um selvagem resplandecer emanava dele. Pois, estrelado como ele estava, as imagens segundo as quais se formam conjunções de estrelas estavam ali, em sensível presença. Um leão, uma virgem, uma balança e muitas outras fixavam, como densas massas siderais, a Terra aqui embaixo. Nenhuma lua estava à vista.

OCULISTA

No verão chamam a atenção as pessoas gordas, no inverno as magras.

Na primavera percebe-se, com o claro tempo de sol, o jovem broto, na chuva fria o galho ainda sem brotos.

Como transcorreu uma noitada com convidados, quem ficou por último vê com um olhar, pela posição dos pratos e xícaras, dos cálices e manjares.

Princípio fundamental da conquista: fazer-se sétuplo; colocar-se setuplamente em torno daquela que se deseja.

O olhar é o fundo do copo do ser humano.

BRINQUEDOS

Folha de estampas de modelagem. Tendas, como grandes barcos oscilantes, abordaram dos dois lados o molhe de pedra sobre o qual as pessoas se comprimem. Há veleiros, que fazem empinar-se mastros, nos quais pendem as bandeirolas, vapores, de cujas chaminés sobe fumaça, cargueiros que mantêm seu carregamento longamente arrimado. Entre eles há navios em cujo ventre se desaparece; somente homens podem descer, mas vê-se através de escotilhas braços de mulher, véus e penas de pavão. Em outra parte, há estrangeiros sobre o convés e parecem, com sua música excêntrica, querer assustar o público. Mas com que indiferença isso não é recebido! Sobe-se ali hesitante, com andar largo, balouçante, como sobre escadas de navio, e se fica, enquanto se está lá em cima, à espera de que o todo se desprenda da margem. Aqueles que, taciturnos e tolhidos, reemergem então, viram sobre escalas vermelhas, onde sobe e desce colorido espírito de vinho, o seu próprio casamento nascer e perecer; o homem amarelo, que embaixo começou a conquistar, perdeu na extremidade superior desse escalão a mulher azul. Olharam em espelhos, onde aquosamente o chão lhes fugiu em correnteza sob os pés, e sobre escadas rolantes tropeçaram para o ar livre. Intranquilidade é o que traz a frota sobre o bairro: mulheres e moças ali dentro estão insolentemente expostas e todo comestível foi embarcado no próprio país da carochinha. Está-se tão inteiramente interceptado pelo oceano que tudo aqui é encontrado como pela primeira e pela última vez ao mesmo tempo. Leões-marinhos, anões e cães estão conservados como em uma arca. Até mesmo a estrada de ferro está instalada aqui de uma vez por todas e viaja em círculo sempre de novo através de um túnel. Por alguns dias o bairro transformou-se em cidade portuária de uma ilha dos mares do Sul e os habitantes em selvagens que, na avidez e no espanto, passam diante daquilo que a Europa lhes lança diante dos pés.

ALVOS DE TIRO. Seria preciso que as paisagens de tendas de tiro ao alvo, reunidas em um *corpus*, fossem descritas. Ali estava um deserto de gelo do qual em muitos pontos destacavam-se brancas cabeças de cachimbos de barro, os alvos, enfeixados em forma radial. Atrás, diante de um inarticulado trecho de floresta, estavam pintados a óleo dois guardas-florestais e, bem à frente, como se fossem peças de cenário, duas sereias com bustos provocantes. Em outra parte, eriçam-se cachimbos nos cabelos de mulheres, que raramente são pintadas com saias, na maioria das vezes de maiô. Ou saem de um leque que elas desdobram na mão. Cachimbos móveis giram lentamente no fundo dos *tirs aux pigeons*. Outras tendas apresentam teatros, nos quais o espectador, com a espingarda, exerce a direção. Se acerta na mosca, então começa a representação. Assim, havia uma vez trinta e seis caixas e sobre a moldura do palco lia-se, junto de cada, o que era de se esperar ali atrás: *Jeanne d'Arc en prison, L'hospitalité, Les rues de Paris*. De uma outra tenda: *Execution capitale*. Diante da porta fechada uma guilhotina, um juiz em veste talar negra e um sacerdote que segura a cruz. Se o tiro acerta, abre-se a porta, avança uma prancha de madeira, sobre a qual está o delinquente entre dois esbirros. Ele se coloca automaticamente sob a lâmina e a cabeça lhe é decepada. A mesma: *Les délices du mariage*. Abre-se um interior miserável. Vê-se o pai no meio do cômodo, ele segura uma criança sobre o joelho, com a mão livre embala o berço, no qual está deitada mais uma. *L'enfer* — quando seus portais se afastam, enxerga-se um diabo que atormenta uma pobre alma. Ao lado, um outro empurra um frade para o caldeirão no qual os danados devem ser refogados. *La bagne* — uma porta, diante dela um guarda de prisão. Quando se acertou, ele puxa uma sineta. Ela soa, a porta se abre. Veem-se dois forçados labutando em uma grande roda; parecem obrigados a girá-la. Outra constelação ainda: um tocador de rabeca com seu urso dançarino. Atira-se dentro e o arco da rabeca se move. O urso bate com uma pata o tímbalo e ergue uma perna. É forçoso pensar na história do Alfaiatezinho Valente, poder-se-ia imaginar também a Bela Adormecida redespertada com um tiro, Branca de Neve libertada da maçã por um tiro, Chapeuzinho Vermelho salva em um tiro. O tiro atinge a existência dos bonecos à maneira dos contos de fadas, com aquela violência salutar que decepa aos monstros a cabeça e os desmascara como princesas. Assim como naquele grande portal sem inscrição: quando se alvejou bem, ele se abre e, diante de vermelhas cortinas de pelúcia, está um mouro, que parece inclinar-se levemente. Ele traz diante de si uma bandeja de ouro. Sobre esta estão três frutos. Abre-se o primeiro e uma personagem minúscula está ali dentro e curva-se. No segundo giram dançando duas bonecas igualmente minúsculas. (O terceiro não se abriu.) Ali embaixo, diante da mesa sobre a qual se edifica o restante do cenário, um pequeno cavaleiro de madeira com o sobrescrito: *Route minée*. Se se acerta na mosca, há uma explosão e o cavaleiro, com seu cavalo, cai de cabeça para baixo, mas permanece, bem entendido, sentado sobre ele.

Estereoscópio. Riga. O mercado cotidiano, a cidade comprimida de tendas baixas de madeira, estende-se sobre o molhe, um largo, sujo baluarte de pedra sem depósitos, ao longo das águas do Dvina. Pequenos vapores, que muitas vezes mal alcançam com a chaminé acima do muro do cais, abordaram a enegrecida cidade anã. (Os navios maiores ficam Dvina abaixo.) Pranchas sujas são o fundo argiloso sobre o qual, brilhando no ar frio, algumas poucas cores se dissipam. Em muitas esquinas ficam aqui o ano inteiro, ao lado de barracas de peixe, de carne, de botas e de roupas, mulheres pequeno-burguesas com as coloridas varetas de papel que a oeste só aparecem na época de Natal. Ser repreendido pela voz mais amada — assim são essas varetas. Por poucos cêntimos, multicores ramalhetes de castigo. Na extremidade do molhe, em tapumes de madeira, apenas trinta passos afastado da água, encontra-se, com suas montanhas vermelho-brancas, o mercado de maçãs. As maçãs postas à venda estão enfiadas na palha e as vendidas, sem palha, nas cestas das donas de casa. Ali atrás eleva-se uma igreja vermelho-escura, que no fresco ar de novembro não leva a melhor sobre as bochechas das maçãs. — Vários bazares para o necessário de navegação, em pequenas casinhas não longe do molhe. Cabos estão pintados. Por toda parte vê-se a mercadoria pintada sobre tabuletas ou pincelada sobre a parede da casa. Um negócio na cidade tem, sobre a parede de tijolos sem revestimento, cofres e correias em tamanho maior que o natural. Uma casa de esquina, baixa, com um bazar para espartilhos e chapéus de damas, está pintada com rostos de damas maquiados e rígidos coletes, sobre fundo amarelo-ocre. No ângulo em frente há uma lanterna, que apresenta, sobre o vidro, algo semelhante. O conjunto é como a fachada de um bordel de fantasia. Uma outra casa, igualmente não longe do porto, tem sacos de açúcar e carvão cinza e negro plasticamente sobre a parede cinza. Sapatos, em outro lugar qualquer, chovem de cornucópias. Ferragens estão pintadas até às particularidades, martelos, rodas dentadas, tenazes e parafusinhos mínimos, sobre uma tabuleta que parece um modelo extraído de envelhecidos livros de pintura para crianças. De tais imagens a cidade está repleta: dispostas como se saíssem de gavetas. Entre elas, porém, destacam-se muitos edifícios altos, semelhantes a fortificações, mortalmente tristes, que despertam todos os terrores do czarismo.

Fora de comércio. Gabinete mecânico na feira anual de Lucca. Em uma tenda estendida de comprido e simetricamente dividida está abrigada a exposição. Alguns degraus conduzem a ela. A tabuleta pendurada do lado de fora representa uma mesa com alguns bonecos imóveis. Através da abertura da direita adentra-se a tenda, pela da esquerda se torna a deixá-la. No claro espaço interno duas mesas se estendem em profundidade. Elas se encontram pelas bordas interiores, no comprimento, de modo que só resta um estreito espaço para a circulação. As duas mesas são baixas e cobertas de vidro. Sobre elas estão os bonecos (vinte a vinte e cinco centímetros de altura em média), enquanto, na sua parte interior oculta, o mecanismo de relojoaria que impulsiona os bonecos tiquetaqueia perceptivelmente. Um pequeno praticável para crianças corre ao longo das bordas das mesas. Nas paredes há espelhos deformantes. — Logo à entrada se veem eminências principescas. Cada uma delas faz um movimento qualquer: umas, com o braço direito ou o esquerdo, um amplo gesto de convite, outras um volteio dos olhares vítreos; muitas rolam os olhos e mexem os braços ao mesmo tempo. Francisco José, Pio IX no trono e flanqueado por dois cardeais, a rainha Helena da Itália, a Sultanesa, Guilherme I a cavalo, Napoleão III pequeno e, menor ainda, Vitório Emanuel como príncipe herdeiro ali estão. Seguem-se figurinos bíblicos, e a eles a Paixão. Herodes comanda com movimentos muito variados da cabeça o assassinato das crianças. Abre muito a boca e acena com a cabeça, estende o braço e o deixa cair novamente. Dois carrascos estão diante dele: um desocupado, com a espada cortante, uma criança decapitada debaixo do braço, o outro, na iminência de ferir, está, até no rolar dos olhos, imóvel. E duas mães ao lado: uma, sem cessar, sacudindo mansamente a cabeça como uma melancólica, a outra erguendo lentamente, suplicantemente os braços. — A crucificação. A cruz jaz no chão. Os esbirros batem o prego. Cristo acena com a cabeça. — Cristo crucificado, abeberado com a esponja de vinagre, que um soldado raso lhe estende lentamente, aos solavancos, e instantaneamente retira de novo. Nisso, o Salvador ergue bem pouco o queixo. Por trás um anjo com o cálice para o sangue curva-se sobre a cruz, coloca-o à frente e em seguida torna a retirá-lo, como se estivesse cheio. — A outra mesa mostra imagens de gênero. Gargântua com almôndegas. Diante de um prato ele as mete na boca com as duas mãos, enquanto ergue alternadamente o braço direito e o esquerdo. As duas mãos seguram cada uma um garfo, onde está espetado um bolinho. — Uma moça dos Alpes fiando. — Dois macacos tocam rabeca. — Um mágico tem diante de si dois recipientes tipo tonel. O primeiro abre-se e emerge o busto de uma dama. Em seguida afunda. Abre-se o da esquerda: dele ergue-se a meia altura um corpo masculino. De novo abre-se o recipiente da direita e agora aparece ali a caveira de um bode com o rosto da dama entre os chifres. Em seguida ergue-se algo à esquerda: um macaco se apresenta no lugar do homem. Então tudo recomeça desde o início. — Um outro mágico: ele tem diante de si uma mesa e segura uma taça emborcada na mão direita e outra na esquerda. Embaixo aparece, assim que ele ergue alternadamente uma ou a outra, ora um pão ou uma maçã, ora uma flor ou um dado. — O chafariz encantado: sacudindo a cabeça, um garoto camponês está diante de um chafariz. Uma moça puxa, e o ininterrupto, grosso jorro de vidro escorre da abertura do chafariz. — Os amantes enfeitiçados: um arbusto de ouro ou uma chama de ouro abre-se em duas alas. Dentro ficam visíveis dois bonecos. Eles viram as cabeças um para o outro e então desviram novamente, como se se olhassem com aturdido assombro. — Sob todas as figuras um pequeno papel com a inscrição. — O todo datando do ano de 1862.

POLICLÍNICA

O autor coloca o pensamento sobre a mesa de mármore do café. Longa contemplação: pois ele utiliza o tempo em que o copo — a lente sob a qual examina o paciente — ainda não está diante dele. Em seguida desempacota gradualmente seu estojo: caneta-tinteiro, lápis e cachimbo. A multidão dos fregueses, ordenada anfiteatralmente, compõe seu público clínico. Café, precavidamente servido e fruído do mesmo modo, põe o pensamento sob clorofórmio. Aquilo sobre o qual este está cismando não tem a ver com a coisa mesma mais que o sonho do narcotizado com a intervenção cirúrgica. Nos cautelosos lineamentos do manuscrito são feitos cortes, o operador desloca acentos no interior, queima fora as tumescências das palavras e insere como costela de prata uma palavra estrangeira. Por fim, a pontuação lhe costura com finas picadas o conjunto e ele remunera o garçom, seu assistente, em dinheiro vivo.

ESTAS ÁREAS SÃO PARA ALUGAR

Insensatos os que lamentam o declínio da crítica. Pois sua hora há muito tempo já passou. Crítica é uma questão de correto distanciamento. Ela está em casa em um mundo em que perspectivas e prospectos vêm ao caso e ainda é possível adotar um ponto de vista. As coisas nesse meio-tempo caíram de maneira demasiado abrasante sobre o corpo da sociedade humana. A "imparcialidade", o "olhar livre" são mentiras, quando não são a expressão totalmente ingênua de chã incompetência. O olhar mais essencial hoje, o olhar mercantil que penetra no coração das coisas, chama-se reclame. Ele desmantela o livre espaço de jogo da contemplação e desloca as coisas para tão perigosamente perto da nossa cara quanto, da tela de cinema, um automóvel, crescendo gigantescamente, vibra em nossa direção. E assim como o cinema não apresenta móveis e fachadas em figuras acabadas de uma consideração crítica, mas unicamente sua proximidade teimosa, brusca, é sensacional, assim o reclame genuíno aproxima as coisas a manivela e tem um ritmo que corresponde ao bom filme. Com isso, então, a "objetividade" é finalmente despedida e, diante das imagens gigantescas nas paredes das casas, onde "Chlorodont" e "Sleipnir" estão ao alcance da mão para gigantes, a sentimentalidade sanada se torna americanamente livre, assim como pessoas a que nada mais toca e comove reaprendem no cinema o choro. Para o homem da rua, porém, é o dinheiro que aproxima dele as coisas dessa forma, que estabelece o contato conclusivo com elas. E o resenhista pago, que no salão de arte do *marchand* manipula as imagens, sabe, se não algo melhor, algo mais importante sobre elas que o amigo das artes que as vê na vitrine. O calor do tema desata-se para ele e o põe em disposição sentimental. — O que, afinal, torna os reclames tão superiores à crítica? Não aquilo que diz a vermelha escrita cursiva elétrica — mas a poça de luz que a espelha sobre o asfalto.

ARTIGOS DE ESCRITÓRIO

A sala do chefe está eriçada de armas. Aquilo que, tomado como conforto, alicia quem entra, é na verdade um arsenal dissimulado. Um telefone sobre a escrivaninha toca a todo instante. Interrompe a palavra no ponto mais importante e dá tempo àquele que está defronte para ajustar sua resposta. Enquanto isso, fragmentos de conversa mostram quantos assuntos são tratados aqui, que são mais importantes que o que está em pauta. Diz-se isso a si mesmo e lentamente começa-se a resvalar de seu próprio ponto de vista. Começa-se a perguntar-se de quem se está falando, percebe-se com pavor que o interlocutor viaja amanhã para o Brasil e logo está de tal forma solidário com a firma que a enxaqueca de que ele se queixa ao telefone é designada como lastimável contratempo nos negócios (em vez de casualidade). Chamada ou não entra a secretária. É muito bonita. E, se seu patrão está, em relação a seus atrativos, seja imunizado, seja como admirador, há muito tempo em termos claros com ela, o novato olhará mais de uma vez em sua direção, e ela sabe tratar seu chefe de modo a torná-lo grato. Seu pessoal está em movimento para servir à mesa cartotecas nas quais o hóspede se sabe rubricado nos mais diversos contextos. Ele começa a se cansar. O outro, porém, que tem a luz às costas, lê isso com satisfação no rosto cegantemente iluminado. Também a poltrona faz seu efeito; senta-se nela tão profundamente inclinado para trás como no dentista e ainda se acaba, então, aceitando o penoso procedimento como o curso ordinário das coisas. Uma liquidação se segue também, mais cedo ou mais tarde, a esse tratamento.

FARDOS: EXPEDIÇÃO E EMPACOTAMENTO

Eu ia de manhã cedo, de automóvel, através de Marselha em direção à estação e, assim que no caminho me deparavam lugares conhecidos, depois novos, desconhecidos, ou outros de que eu só conseguia lembrar-me inexatamente, a cidade tornou-se em minhas mãos um livro, no qual eu lançava ainda rapidamente alguns olhares, antes que ele me desaparecesse dos olhos no baú do depósito por quem sabe quanto tempo.

FECHADO PARA REFORMA!

Em sonho eu me tirava a vida com uma arma de fogo. Quando o tiro saiu, eu não acordei, mas me vi por algum tempo deitado como cadáver. Só então acordei.

RESTAURANTE AUTOMÁTICO "AUGIAS"

Isto é a mais forte objeção contra o modo de vida do solteirão: ele toma suas refeições solitário. Comer solitariamente torna facilmente duro e rude. Quem tem esse hábito tem de viver espartanamente para não degradar-se. Os ermitões, ainda que fosse somente por isso, alimentavam-se frugalmente. Pois somente em comunidade se faz justiça ao comer; ele quer ser partido e repartido, se deve fazer efeito. Não importa a quem: antigamente um mendigo à mesa enriquecia cada refeição. Tudo depende da repartição e da doação, não da conversação social em roda. É assombroso, inversamente, que a sociabilidade se torna crítica sem a refeição. Hospitalidade nivela e vincula. O conde de St. Germain permanecia em jejum diante de mesas repletas e já desse modo mantinha-se dominante na conversação. Onde, porém, cada indivíduo parte vazio, vêm as rivalidades com seu conflito.

COMÉRCIO DE SELOS

Quem examina pilhas de cartas antigas, a ele, um selo, que há muito tempo está fora de curso, sobre um envelope frágil, diz mais que dúzias de páginas relidas. Muitas vezes se os encontramos em cartões-postais e então não se sabe: deve-se destacá-los ou guardar o cartão tal como está, como a folha de um velho mestre que tem do lado da frente e do de trás dois diferentes desenhos igualmente valiosos? Há também, nas caixas de vidro dos cafés, cartas que têm contas a ajustar e estão expostas no pelourinho diante de todos os olhos. Ou foram deportadas e são obrigadas a definhar nessa caixa ano após ano, sobre um Sala y Gomez de vidro? Cartas que permaneceram muito tempo sem serem abertas adquirem algo de brutal; são deserdados que perfidamente forjam uma quieta vingança por longos dias de sofrimento. Muitas delas, mais tarde, expõem nas vitrines dos comerciantes de selos os envelopes inteiramente marcados a fogo por carimbos.

Sabe-se que há colecionadores que só se ocupam com selos carimbados e muito não falta para que se queira acreditar que são eles os únicos que penetraram no segredo. Eles se apegam à parte oculta dos selos: ao carimbo. Pois o carimbo é o lado noturno deles. Há os solenes, que em torno da cabeça da rainha Vitória colocam uma auréola, e os proféticos, que colocam uma coroa de mártir em torno de Humberto. Mas nenhuma fantasia sádica chega à altura do negro procedimento que cobre com estrias os rostos e, através do solo de continentes inteiros, rasga fendas como um terremoto. E da perversa alegria pelo contraste desse ultrajado corpo do selo com seu branco, rendado vestido de tule: o denteado. Quem está no encalço de carimbos tem de possuir como detetive os sinais particulares das mais mal-afamadas agências postais, como arqueólogo a arte de determinar o torso dos mais estranhos nomes de lugares, como cabalista o inventário das datas para um século inteiro.

Selos estão eriçados de cifrazinhas, letras diminutas, folhinhas e olhinhos. São tecidos celulares gráficos. Isso tudo fervilha entremeado e, como os animais inferiores, mesmo despedaçado continua a viver. Por isso se fazem de partículas de selos, que se colam juntas, imagens tão eficazes. Mas nelas a vida tem sempre a mescla da decomposição, como sinal de que está composta de matéria morta. Seus retratos e grupos obscenos estão atulhados de ossadas e de multidões de vermes.

Refrata-se, talvez, na sequência cromática das longas séries, a luz de um sol estrangeiro? Teriam sido captados nos Ministérios de Correios do Estado do Vaticano ou do Equador raios que nós outros não conhecemos? E por que não nos mostram os selos dos planetas melhores? As mil gradações de vermelho-fogo, que estão em circulação em Vênus, e os quatro grandes valores cinzentos de Marte e os selos sem cifras de Saturno?

Países e mares são, nos selos, apenas as províncias, reis apenas os mercenários das cifras que a seu bel-prazer derramam sobre eles suas cores. Álbuns de selos são mágicos livros de consulta, os números dos monarcas e palácios, dos animais e alegorias e Estados estão inscritos neles. O tráfico postal repousa sobre a harmonia deles como sobre as harmonias dos números celestes o trânsito dos planetas.

Antigos selos de vintém, que no oval mostram apenas uma ou duas grandes cifras. Têm o aspecto daquelas primeiras fotos, das quais, dentro das molduras laqueadas de preto, parentes que nunca conhecemos olham para nós: cifradas tias-avós ou bisavós. Também

Thurn und Taxis tem as grandes cifras nos selos; ali são como números de taxímetro enfeitiçados. Ninguém se admiraria se uma noite a luz de uma vela brilhasse lá atrás. Mas, em seguida, há pequenos selos sem denteado, sem indicação de um valor ou de um país. Na densa teia de aranha trazem somente um número. São esses, talvez, os verdadeiros "alheios ao destino".

Os traços de escrita sobre os selos turcos em piastras são como o alfinete obliquamente colocado, demasiado folgazão, demasiado brilhante, sobre a gravata de um ladino comerciante, somente meio europeizado, de Constantinopla. São do molde dos *parvenus* postais, dos grandes formatos mal denteados e gritantes da Nicarágua ou da Colômbia, que se enfeitam para parecer notas de banco.

Selos de sobretaxa são os espíritos sob os selos. Não se alteram. A mudança dos monarcas e formas de governo passa por eles como por espíritos, sem deixar rastro.

A criança olha na direção da distante Libéria através de um binóculo de ópera segurado ao contrário: lá está ela, atrás de seu trechinho de mar, com suas palmeiras, exatamente como a mostram os selos. Com Vasco da Gama ela veleja em torno de um triângulo que é equilátero como a esperança e cujas cores se alteram com o clima. Prospecto de viagem do Cabo da Boa Esperança. Quando vê o cisne em selos australianos, então, também nos valores azuis, verdes e castanhos, é o cisne negro, que só aparece na Austrália e aqui desliza sobre as águas de um tanque como sobre o mais quieto dos oceanos.

Selos são cartões de visita que os grandes Estados deixam no quarto das crianças.

Como Gulliver a criança visita país e povo de seus selos. Geografia e História dos liliputianos, a inteira ciência do pequeno povo com todos os seus números e nomes lhe é instilada durante o sono. Ela participa com interesse de seus negócios, frequenta suas purpúreas assembleias populares, assiste ao lançamento de seus naviozinhos e, com suas cabeças coroadas, entronizadas atrás de sebes, celebra jubileus.

Há sabidamente uma linguagem dos selos, que está para a linguagem das flores como o alfabeto Morse está para o escrito. Mas por quanto tempo viverá ainda a floração entre postes telegráficos? Não são os grandes selos artísticos do pós-guerra, com suas cores plenas, já as sécias e dálias outonais dessa flora? Stephan, um alemão, e não casualmente um contemporâneo de Jean Paul, plantou na estival metade do século XIX essa semente. Ela não sobreviverá ao século XX.

SI PARLA ITALIANO

Eu estava sentado, à noite, com dores violentas, em um banco. Defronte a mim, em um segundo banco, tomaram lugar duas moças. Pareciam querer falar-se confidencialmente e começaram a sussurrar. Ninguém além de mim estava nas proximidades, e eu não teria entendido o italiano delas, por mais alto que fosse. Então, diante daquele imotivado sussurrar em uma língua inacessível para mim, não pude defender-me da sensação de que se colocava em volta do local dolorido uma fresca atadura.

PRIMEIROS SOCORROS TÉCNICOS

Não há nada mais pobre que uma verdade expressa tal como foi pensada. Em tal caso sua transcrição não é ainda nem sequer uma fotografia ruim. Também a verdade (como uma criança, como uma mulher que não nos ama) se recusa, diante da objetiva da escrita, quando nos acocoramos sob o pano preto, a olhar quieta e amistosamente. É bruscamente, como com um golpe, que ela quer ser afugentada de seu mergulho em si mesma e despertada num susto, seja por tumulto, seja por música, seja por gritos de socorro. Quem quereria enumerar os sinais de alarme com que é guarnecido o interior do verdadeiro escritor? E "escrever" nada mais significa que pô-los em funcionamento. Então, a doce odalisca se sobressalta, arrebata para si a primeira coisa que lhe cai nas mãos no caos primordial de seu *boudoir*, nossa caixa craniana, envolve-se nela e assim, quase irreconhecível, foge de nós em direção às pessoas. Que bem constituída, porém, ela precisa ser, e quão saudavelmente formada, para poder assim, disfarçada, espicaçada, aparecer contudo entre elas vitoriosa, amorável.

QUINQUILHARIAS

Citações em meu trabalho são como salteadores no caminho, que irrompem armados e roubam ao passeante a convicção.

O ato de matar o criminoso pode ser moral — jamais a justificação desse ato.

O provedor de todos os homens é Deus e o Estado é seu subprovedor.

A expressão das pessoas que se movem dentro de galerias de pinturas mostra um mal dissimulado desapontamento com o fato de que ali estão pendurados apenas quadros.

CONSELHO FISCAL

Não há dúvida: existe uma secreta conexão entre a medida dos bens e a medida da vida; quer dizer, entre dinheiro e tempo. Quanto mais nulamente é preenchido o tempo de uma vida, mais frágeis, polimorfos, díspares são seus instantes, enquanto o grande período assinala a existência do homem superior. Muito corretamente Lichtenberg propõe falar de apequenamento do tempo, em lugar de encurtamento, e é ele mesmo quem observa: "Algumas dúzias de milhões de minutos fazem uma vida de quarenta e cinco anos e um pouco mais". Onde está em uso um dinheiro do qual uma dúzia de milhões de unidades nada significa, ali a vida terá de ser contada em segundos em lugar de em anos, para aparecer respeitável como soma. E nessa medida ela será dissipada como um maço de notas de banco: a Áustria não consegue perder o hábito de calcular em coroas.

O dinheiro faz par com a chuva. O próprio clima é um índice do estado deste mundo. A felicidade é sem nuvens, não conhece clima. Chega também um reino sem nuvens dos bens perfeitos, sobre os quais não cai nenhum dinheiro.

Seria o caso de fornecer uma análise descritiva das notas de banco. Um livro cuja ilimitada força de sátira só teria igual na força de sua objetividade. Pois em nenhuma parte mais que nesses documentos o capitalismo se comporta ingenuamente em sua sagrada seriedade. O que se vê aqui de pequeninos inocentes brincando ao redor de cifras, deusas segurando tábuas de lei, e heróis amadurecidos enfiando sua espada na bainha diante de unidades monetárias, é um mundo por si: arquitetura de fachadas do inferno. — Se Lichtenberg tivesse encontrado o papel-moeda difundido, o plano dessa obra não lhe teria escapado.

ASSISTÊNCIA JUDICIÁRIA PARA INDIGENTES

Editor: Minhas expectativas foram desiludidas da maneira mais grave. Suas coisas não têm nenhum efeito junto ao público, não atraem o mínimo. E eu não poupei em acabamento. Eu me arruinei com reclames. — Você sabe que, depois como antes, eu o aprecio. Mas você não poderá pensar mal de mim se agora também minha consciência de comerciante se agita. Se há alguém que faz o que pode pelos autores sou eu. Mas, afinal, tenho também mulher e filhos para cuidar. Naturalmente não quero dizer que o culpo pelas perdas dos últimos anos. Mas o amargo sentimento de uma desilusão permanecerá. Por enquanto, infelizmente, não posso absolutamente mais apoiá-lo.

Autor: Meu senhor! Por que se tornou editor? Isso tiraremos a claro sem demora. Antes, porém, conceda-me isto: eu figuro em seu arquivo como nº 27. Você editou cinco de meus livros: isso significa que apostou cinco vezes no 27. Lamento que não deu 27. De resto, você só me apostou *cheval*. Apenas porque estou ao lado de seu número de sorte, 28. — Por que se tornou editor, você sabe agora. Poderia do mesmo modo ter adotado um meio de vida honesto como o senhor seu pai. Mas sempre aos trancos e barrancos — assim é a juventude. Continue a entregar-se a seus hábitos. Mas evite de se fazer passar por honrado comerciante. Não se ponha com cara de inocência, se perdeu tudo no jogo; não conte nada de seu dia de trabalho de oito horas e da noite em que ainda mal consegue encontrar repouso. "Antes de tudo, meu filho, seja fiel e verdadeiro!" E não faça cenas com seus números! Do contrário será arremessado fora!

SINETA NOTURNA PARA MÉDICO

A satisfação sexual desvincula o homem de seu segredo, que não consiste na sexualidade, mas que, na sua satisfação, e talvez unicamente nela, é cortado — não solucionado. Ele é comparável à corrente que o vincula à vida. A mulher a corta, o homem se torna livre para a morte, porque sua vida perdeu o segredo. Com isso ele chega ao novo nascimento e, assim como a amada o liberta do sortilégio da mãe, a mulher o solta, mais literalmente, da mãe Terra, essa parteira que corta aquele cordão umbilical, que é trançado de segredo natural.

MADAME ARIANE,
SEGUNDO PÁTIO À ESQUERDA

Quem pergunta pelo futuro a benzedeiras abre mão, sem o saber, de um conhecimento interior do que está por vir, que é mil vezes mais preciso do que tudo o que lhe é dado ouvir lá. Guia-o mais a preguiça que a curiosidade, e nada é menos semelhante ao devotado embotamento com que ele presencia o desvendamento de seu destino que o golpe de mão perigoso, ágil, com que o corajoso põe o futuro. Pois presença de espírito é seu extrato; observar com exatidão o que se cumpre em cada segundo é mais decisivo que saber de antemão o mais distante. Signos precursores, pressentimentos, sinais atravessam dia e noite nosso organismo como batidas de ondas. Interpretá-los ou utilizá-los, eis a questão. Mas ambos são inconciliáveis. Covardia e preguiça aconselham o primeiro, sobriedade e liberdade o outro. Pois antes que tal profecia ou aviso se tenha tornado algo mediato, palavra ou imagem, sua melhor força já está morta, a força com que ela nos atinge no centro e nos obriga, mal sabemos como, a agir de acordo com ela. Se deixamos de fazê-lo, então, e só então, ela se decifra. Nós a lemos. Mas agora é tarde demais. Daí, quando inopinadamente irrompe fogo ou de um céu sereno vem uma notícia de morte, no primeiro pavor mudo um sentimento de culpa, a informe censura: No fundo você não sabia? Da última vez que falou do morto, não soava diferente o nome dele em sua boca? Não lhe faz sinal, do meio das chamas, a noite de ontem, cuja linguagem só agora você entende? E se um objeto que você amava se perdeu, não havia já, horas, dias antes, um halo, zombaria ou tristeza em torno dele, que o traía? Como raios ultravioleta a lembrança mostra a cada um, no livro da vida, uma escrita que, invisível, na condição de profecia, glosava o texto. Mas não é impunemente que se intercambiam as intenções, que se entrega a vida ainda não vivida a cartas, espíritos, astros, que em um átimo a vivem e gastam, para devolvê-la a nós ultrajada; não se defrauda impunemente o corpo do poder que ele tem de medir-se com os fados sobre sua própria base e vencer. O instante é o jugo de Caudium sob o qual o destino se curva a ele. Transformar a ameaça do futuro no agora preenchido, este único milagre telepático digno de ser desejado, é obra de corpórea presença de espírito. Tempos primordiais, em que tal procedimento fazia parte da economia cotidiana do homem, davam-lhe, no corpo nu, o mais confiável instrumento divinatório. Ainda a Antiguidade conhecia a verdadeira prática, e Cipião, que pisa o solo de Cartago tropeçando, exclama, abrindo amplamente os braços na queda, a senha de vitória: *Teneo te, Terra Africana!* Aquilo que quis tornar-se signo terrífico, imagem de infortúnio, ele liga corporeamente ao segundo e faz de si mesmo o factótum de seu corpo. Justamente nisso, desde sempre, os antigos exercícios ascéticos do jejum, da castidade, da vigília celebraram seus mais altos triunfos. O dia jaz cada manhã como uma camisa fresca sobre nossa cama; esse tecido incomparavelmente fino, incomparavelmente denso, de limpa profecia, assenta-nos como uma luva. A felicidade das próximas vinte e quatro horas depende de que nós, ao acordar, saibamos como apanhá-lo.

VESTIÁRIO DE MÁSCARAS

Quem traz uma notícia de morte aparece para si como muito importante. Seu sentimento faz dele — mesmo contra todo entendimento — o mensageiro do reino dos mortos. Pois a comunidade de todos os mortos é tão gigantesca, que até mesmo quem apenas dá notícia da morte a pressente. *Ad plures ire* significa, entre os latinos, morrer.

Em Bellinzona notei três eclesiásticos na sala de espera da estação. Estavam sentados em um banco, obliquamente defronte ao meu lugar. Eu observava fascinado os gestos daquele que estava sentado no meio e se diferenciava de seus irmãos por um chapeuzinho vermelho. Ele lhes fala enquanto mantém as mãos dobradas sobre o colo e somente de vez em quando ergue bem pouco uma ou a outra e a move. Penso: a mão direita precisa sempre saber o que faz a esquerda.

Quem já não saiu uma vez do metrô para o ar livre e ficou surpreendido de, ali em cima, entrar na plena luz do Sol? E, no entanto, o Sol brilhava, há alguns minutos, quando ele desceu, exatamente tão claro como agora. Tão rapidamente assim ele esqueceu o clima do mundo de cima. Tão rapidamente assim, por sua vez, esse próprio mundo o esquecerá. Pois quem pode dizer mais de sua existência, além de que atravessou a vida de dois, três outros, tão delicadamente e tão de perto quanto o clima?

Sempre de novo, em Shakespeare, em Calderón, combates preenchem o último ato e reis, príncipes, pajens e séquitos "entram em cena fugindo". O instante em que se tornam visíveis aos espectadores os faz deter-se. À fuga das personagens dramáticas, a cena dá voz de alto. Sua entrada no campo de visão de não participantes e verdadeiramente superiores permite aos envolvidos respirar e envolve-os com um novo ar. Daí a aparição cênica dos que entram "fugindo" adquire sua significação oculta. Na leitura dessa fórmula entra em jogo a expectativa de um lugar, de uma luz ou iluminação de ribalta, em que também nossa fuga através da vida estaria a salvo diante de estranhos que observam.

AGÊNCIA DE APOSTAS

A existência burguesa é o regime dos assuntos privados. Quanto mais importante e rico de consequências é um tipo de comportamento, mais ela o dispensa de controle. Convicção política, situação financeira, religião — tudo isso quer encafuar-se, e a família é o edifício podre, escuro, em cujos compartimentos e cantos se instalaram os mais mesquinhos instintos. O filistinismo proclama a privatização integral da vida amorosa. Assim, para ele, a conquista se tornou um evento mudo, enfezado, entre quatro olhos, e essa conquista totalmente privada, desvinculada de toda responsabilidade, é o que há de propriamente novo no *flirt*. Em contrapartida, o tipo proletário e o feudal são iguais no fato de que, na conquista, vencem muito menos a mulher que seus concorrentes. Isso, porém, significa respeitar a mulher muito mais profundamente que na sua "liberdade", significa fazer-lhe a vontade sem interrogá-la. Feudal e proletário é o deslocamento dos acentos eróticos para o espaço público. Mostrar-se com uma mulher em tal ou tal ocasião pode significar mais que dormir com ela. Assim também no casamento o valor não está na infrutífera "harmonia" dos cônjuges: como efeito excêntrico de suas lutas e concorrências vem à luz do dia, assim como a criança, também o poder espiritual do casamento.

CERVEJARIA

Marinheiros descem raramente em terra; o serviço em alto--mar é licença de domingo comparado com o trabalho em portos, onde muitas vezes é preciso de dia e de noite carregar e descarregar. Quando então chega a licença de terra para uma equipe por algumas horas, já está escuro. No melhor dos casos, a catedral se ergue como massa escura no caminho da hospedaria. A cervejaria é a chave de toda cidade; saber onde há cerveja alemã para beber é bastante conhecimento de países e de povos. A taberna alemã para marujos desenrola o mapa noturno da cidade: dali até o bordel, até as outras tabernas, não é difícil achar o caminho. Seu nome cruza há dias nas conversas de mesa. Pois quando se deixou um porto, iça um após o outro, como pequenas bandeirolas, alcunhas de locais e de salões de dança, de belas mulheres e de iguarias nacionais do próximo. Mas quem sabe se desta vez se desce em terra? Por isso, quando o navio mal acabou de declarar e aportar, já vieram a bordo comerciantes com lembranças: correntes e cartões-postais, quadros a óleo, facas e estatuetas de mármore. A cidade não é visitada, mas comprada. Na mala do marinheiro o cinturão de couro de Hong Kong está ao lado do panorama de Palermo e de uma foto de moça de Szczecin. Exatamente assim é seu efetivo lar. Nada sabem de uma distância nebulosa na qual estão, para o burguês, os mundos estrangeiros. O que em cada cidade se impõe em primeiro lugar é o serviço a bordo e em seguida a cerveja alemã, o sabão de barba inglês e o tabaco holandês. Até aos ossos a norma internacional da indústria é presente para eles; eles não se deixam levar por palmeiras e montanhas de gelo. O homem do mar "devorou" a proximidade, e só lhe falam as nuanças mais exatas. Ele é capaz de distinguir melhor os países pela preparação de seus peixes que pela construção das casas e o padrão da paisagem. Sente-se em tal medida em casa no detalhe, que no oceano as rotas em que ele corta outros navios (e com uivos de sereia saúda os de sua própria firma) se tornam para ele barulhentas estradas nas quais é preciso dar passagem. Ele habita em mar aberto uma cidade em que no Canebière marselhês se encontra uma taberna de Port Said obliquamente defronte a uma casa alegre de Hamburgo e o Castel dell'Ovo napolitano na Plaza Cataluña de Barcelona. Para os oficiais a cidade natal tem ainda a primazia. Para o grumete, porém, ou para o foguista, para a gente cuja força de trabalho transportada mantém contato com a mercadoria no bojo do navio, os portos entremeados não são mais nem sequer lar, mas berço. E quem os escuta falar percebe que mentira se esconde no viajar.

MENDIGOS E AMBULANTES PROIBIDOS!

Todas as religiões reverenciavam o mendigo. Pois ele documenta que espírito e fundamento, consequências e princípio, em uma questão tão sóbria e banal quanto sagrada e vitalizante, como era o dar esmolas, faltam vergonhosamente.

Apresentam-se queixa sobre os mendigos no Sul e esquece-se que sua persistência diante de nosso nariz é tão legítima quanto a obstinação do estudioso diante de textos difíceis. Não há uma sombra de hesitação, um levíssimo querer ou ponderar, que eles não farejassem em nossas caras. A telepatia do cocheiro, que só com seu chamado torna claro para nós que nada temos contra andar de carro, a do mascate que ergue de seus trastes a única corrente ou camafeu que poderia nos atrair, são da mesma têmpera.

A CAMINHO DO PLANETÁRIO

Se, como fez uma vez Hillel com a doutrina judaica, se tivesse de enunciar a doutrina dos antigos em toda concisão, em pé sobre uma perna, a sentença teria de dizer: "A Terra pertencerá unicamente àqueles que vivem das forças do cosmos". Nada distingue tanto o homem antigo do moderno quanto sua entrega a uma experiência cósmica que este último mal conhece. O naufrágio dela anuncia-se já no florescimento da astronomia, no começo da Idade Moderna. Kepler, Copérnico, Tycho Brahe certamente não eram movidos unicamente por impulsos científicos. Mas, no entanto, há no acentuar exclusivo de uma vinculação óptica com o universo, ao qual a astronomia muito em breve conduziu, um signo precursor daquilo que tinha de vir. O trato antigo com o cosmos cumpria-se de outro modo: na embriaguez. É embriaguez, decerto, a experiência na qual nos asseguramos unicamente do mais próximo e do mais distante, e nunca de um sem o outro. Isso quer dizer, porém, que somente na comunidade o homem pode comunicar em embriaguez com o cosmos. É o ameaçador descaminho dos modernos considerar essa experiência como irrelevante, como descartável, e deixá-la por conta do indivíduo como devaneio místico em belas noites estreladas. Não, ela chega sempre e sempre de novo a seu termo de vencimento, e então povos e gerações lhe escapam tão pouco como se patenteou da maneira mais terrível na última guerra, que foi um ensaio de novos, inauditos esponsais com as potências cósmicas. Massas humanas, gases, forças elétricas foram lançadas ao campo aberto, correntes de alta frequência atravessaram a paisagem, novos astros ergueram-se no céu, espaço aéreo e profundezas marítimas ferveram de propulsores, e por toda parte cavaram-se poços sacrificiais na Mãe Terra. Essa grande corte feita ao cosmos cumpriu-se pela primeira vez em escala planetária, ou seja, no espírito da técnica. Mas, porque a avidez de lucro da classe dominante pensava resgatar nela sua vontade, a técnica traiu a humanidade e transformou o leito de núpcias em um mar de sangue. Dominação da Natureza, assim ensinam os imperialistas, é o sentido de toda técnica. Quem, porém, confiaria em um mestre-escola que declarasse a dominação das crianças pelos adultos como o sentido da educação? Não é a educação, antes de tudo, a indispensável ordenação da relação entre as gerações e, portanto, se se quer falar de dominação, a dominação das relações entre gerações, e não das crianças? E assim também a técnica não é dominação da Natureza: é dominação da relação entre Natureza e humanidade. Os homens como espécie estão, decerto, há milênios, no fim de sua evolução; mas a humanidade como espécie está no começo. Para ela organiza-se na técnica uma *physis* na qual seu contato com o cosmos se forma de modo novo e diferente do que em povos e famílias. Basta lembrar a experiência de velocidades, por força das quais a humanidade prepara-se agora para viagens a perder de vista no interior do tempo, para ali deparar com ritmos pelos quais os doentes, como anteriormente em altas montanhas ou em mares do Sul, se fortalecerão. Os Luna Parks são uma pré-forma de sanatórios. O calafrio da genuína experiência cósmica não está ligado àquele minúsculo fragmento de natureza que estamos habituados a denominar "Natureza". Nas noites de aniquilamento da última guerra, sacudiu a estrutura dos membros da humanidade um sentimento que era semelhante à felicidade do epilético. E as revoltas que se seguiram eram o primeiro ensaio de colocar o novo corpo em seu poder. A potência do proletariado é o escalão de medida de seu processo de cura. Se a disciplina deste não o penetra até a medula, nenhum raciocínio pacifista o salvará. O vivente só sobrepuja a vertigem do aniquilamento na embriaguez da procriação.

APÊNDICE

Acima, cartão-postal de Capri, datado de 6 de junho de 1924, enviado por Asja Lacis (à esquerda) à atriz e amiga Elvira Bramberga.

Nápoles

Asja Lacis e Walter Benjamin

Há alguns anos, um padre acusado de comportamento indecente foi carregado pelas ruas de Nápoles em uma carroça. Uma multidão o acompanhava, gritando ofensas. Em uma esquina, toparam com um cortejo nupcial. O padre se levanta e abençoa os noivos, e todo mundo que segue a carroça prontamente se ajoelha. É assim, de modo incondicional, que o catolicismo empenha-se em se reabilitar, nesta cidade, em qualquer situação. Se um dia desaparecesse da face da terra, seu último reduto não seria Roma mas, sim, Nápoles.

Em nenhum outro lugar, senão no seio da Igreja, esse povo pode continuar vivendo com segurança sua rica barbárie, nascida do próprio coração da grande cidade. Ele precisa do catolicismo, pois até mesmo seus excessos são legitimados por alguma lenda ou pelo feriado de algum mártir. Aqui nasceu Alfonso de Liguori, o santo que tornou a prática do catolicismo frouxa o bastante para acomodar o ofício dos delinquentes e das prostitutas, controlando-os através da confissão, com penas mais ou menos rigorosas, conforme descreveu em seu compêndio de três volumes sobre o assunto. Apenas o sacramento da confissão, e não a polícia, é capaz de lidar com o crime organizado, com a Camorra.

Assim, não passa pela cabeça de quem foi roubado chamar a polícia, se quiser reaver o que perdeu. Por meio de intermediários civis ou clericais, ou mesmo pessoalmente, ele acaba recorrendo a um mafioso. É com este que se arranja o resgate. O quartel-general da Camorra continental se estende pelos bairros proletários, de Nápoles a Castellamare, pois esses criminosos evitam os bairros onde ficariam submetidos ao controle da polícia. Eles se dispersam entre a cidade e os subúrbios, e é isso o que os torna perigosos. O viajante burguês que viaja até Roma, avançando de obra de arte em obra de arte, como se estivesse tateando uma cerca, não se sentirá bem em Nápoles.

Não se poderia ter prova mais grotesca disso do que na convocação para um congresso internacional de filosofia. Ele se desagregou sem deixar traços no fulgor dessa cidade, enquanto a celebração do aniversário de 700 anos da universidade, em cuja vã glória foi realizado o congresso, ocorreu de fato em meio ao alarido de uma festa popular. Os convidados reclamavam na secretaria que seus documentos e seu dinheiro tinham sumido num piscar de olhos. Mas o viajante mais comum não tem melhor sorte. Nem o guia de viagem Baedeker pode ser de alguma valia. Aqui, as igrejas não se deixam encontrar, as esculturas mais importantes estão invariavelmente em alguma sala trancada do museu, e o termo "maneirismo" nos adverte sobre a qualidade dos pintores nativos.

Nada é mais apreciável do que a famosa água potável. A pobreza e a miséria parecem tão contagiosas como quando se fala delas às crianças, e o medo tolo de ser enganado é apenas uma mísera racionalização desse sentimento. Se o século XIX realmente inverteu, como disse Péladan, a ordem natural e medieval das necessidades vitais dos pobres, tornando moradia e vestuário mais urgentes do que a alimentação, aqui essas convenções foram abolidas. Um mendigo jaz na rua, apoiado contra o meio-fio, agitando o chapéu vazio como quem se despede na estação ferroviária. Aqui a miséria rebaixa, como há dois mil anos conduzia às criptas: ainda hoje o caminho das catacumbas passa por um "jardim dos suplícios"; ainda hoje, lá dentro, os deserdados são seus guias. No Hospital San Gennaro dei Poveri a entrada é um complexo de edifícios brancos que se atravessa por dois pátios. De ambos os lados do caminho ficam os bancos dos há muito tempo doentes. Eles seguem com olhares os que estão de saída, sem revelar se desejam se agarrar às suas roupas clamando para ser libertos ou para satisfazer graças a eles inimagináveis desejos. No segundo pátio, as enfermarias têm grades; atrás delas, os aleijados exibem suas mutilações. E o susto de transeuntes distraídos em seus próprios sonhos faz a alegria deles.

Um dos velhos serve como guia e segura a lanterna diante de um fragmento de afresco dos primeiros cristãos. Então, faz ressoar a centenária palavra mágica "Pompeia". Tudo o que o estrangeiro deseja, admira e pelo qual paga é "Pompeia". "Pompeia" transforma em algo irresistível as imitações em gesso das ruínas dos templos, os colares de lava e o cicerone miserável. Esse fetiche é ainda mais milagroso porque somente uma minoria dos que se alimentam dele conseguiram de fato vê-lo. É compreensível, por isso, que a Madona milagrosa que aí reina ganhe uma igreja para peregrinação, suntuosa e novinha em folha. É nesse edifício, e não na Casa dos Vécios, que Pompeia está viva para os napolitanos. Indo àquela igreja, a malandragem e a miséria sempre voltam para casa.

Relatos fantasiosos de viajantes coloriram a cidade. Na verdade, ela é cinzenta; de um cinzento vermelho ou ocre, um esbranquiçado cinzento. Totalmente cinzenta, quando se destaca contra o céu ou o mar. Ao menos, isso desencoraja o turista burguês. Pois quem não é capaz de captar formas tem pouco a ver por aqui. A cidade é rochosa. Vista do alto, do Castelo San Martino, onde os chamados não chegam, ela jaz morta no crepúsculo, incrustada nas pedras. Só uma faixa de costa se estende uniforme; atrás dela se amontoam os prédios, uns por cima dos outros. Cortiços de seis e sete andares, sobre fundações, com escadas que correm do subsolo até o alto, parecem arranha-céus ao lado das mansões. Mais junto da costa, no próprio solo rochoso, foram escavadas cavernas. Aqui e ali aparece uma porta no rochedo, como nos quadros de eremitas do *Trecento*. Se está aberta, é possível ver grandes porões, que servem ao mesmo tempo de lugar para dormir e para armazenar mercadorias. Mais adiante, degraus levam até o mar, até botecos de pescadores instalados em grutas naturais. De noite, luzes turvas e fios de música sobem lá de baixo.

Porosa como essa rocha também se mostra a arquitetura. Ação e construção se entrelaçam nos pátios, arcadas e escadarias. Em cada lugar ela preserva um espaço lúdico que pode se tornar cenário de novas e inéditas constelações de eventos. Evita-se o definitivo, o impregnado. Nenhuma situação, qualquer que seja, parece ser pensada para todo o sempre; nenhuma forma declara ser "desta maneira e não de outra". É assim que em Nápoles se vai compondo a arquitetura, este elemento mais marcante da rítmica da comunidade. Civilizada, privada e ordenada apenas nos grandes hotéis e nos armazéns do cais; no centro, anárquica, emaranhada como numa aldeia, onde só há quarenta anos se abriram a picareta novas ruas. Apenas aí a casa é, conforme o sentido da Europa do norte, a célula da arquitetura urbana. Nele, a célula é o quarteirão, sustentado a cada esquina por murais da Madona, como se fossem braçadeiras de ferro.

Ninguém se orienta pela numeração das casas. Lojas, fontes e igrejas dão os pontos de referência. Nem sempre fáceis. Pois a igreja napolitana, em geral, não se ergue orgulhosa em uma grande praça, com arcos, coros e cúpulas. Fica escondida, encaixada entre outros prédios; frequentemente as cúpulas mais altas são visíveis apenas em poucos lugares, e mesmo assim não é fácil achar o caminho até elas. Impossível distinguir o seu volume arquitetônico do volume das construções profanas vizinhas. O forasteiro passa sem sequer percebê-la. Uma porta discreta, muitas vezes apenas uma cortina, é a entradinha secreta para aquele que sabe. Apenas um passo transporta-o da balbúrdia dos pátios sujos para a imaculada solidão do amplo ambiente caiado da igreja. A sua existência privada é o estuário barroco de uma vida pública potencializada. Pois não é entre quatro paredes, entre mulher e filhos, que ela aqui desabrocha, mas na devoção ou no desespero. Travessas estreitas permitem que o olhar deslize, por degraus sujos, para dentro das tavernas, onde três ou quatro homens, escondidos sozinhos atrás de tonéis, como se fossem colunas de igreja, sentam e bebem.

Em tais recantos mal se percebe o que ainda está em construção e o que já se tornou ruína. Pois nada está acabado, nada está concluído. Essa porosidade deve-se não apenas à indolência do artesão meridional, mas sobretudo à sua paixão pela improviso. É preciso sempre preservar espaço e ocasião para o improviso. Os prédios são usados como palco popular. Todos se dividem num sem-número de cenários simultaneamente animados. Varanda, átrio, janela, portão, escada, telhado são ao mesmo tempo palco e camarote. Até a existência mais miserável é soberana, pois sabe vagamente que pode intervir nos dois modos: ou atuando na conturbada cena de rua napolitana, que nunca se repete; ou gozando de longe sua pobreza, acompanhando o grande panorama. O que se encena nas escadas é uma grande escola de direção teatral. As escadarias, nunca totalmente expostas, mas ainda assim menos fechadas do que nos abafados caixotes dos edifícios do Norte, projetam pedaços para fora da casa, fazendo curvas angulosas para depois sumir e novamente voltar a se contorcer.

A decoração das ruas, inclusive pelo material utilizado, tem estreito parentesco com a decoração teatral. O papel é protagonista. Papéis pega-moscas vermelhos, azuis e amarelos, altares de papel acetinado colorido incrustados nos muros, rosetas de papel espetadas nas carnes frescas. Além disso, a engenhosidade do teatro de variedades na rua. Alguém ajoelha no asfalto, coloca ao lado uma caixinha, sendo que numa das ruas mais animadas. Desenha com giz colorido um Cristo na pedra, embaixo esboça a cabeça da Madona. Um círculo vai se formando ao seu redor; o artista se levanta e espera ao lado de sua obra durante quinze minutos, meia hora, enquanto escassas moedas, bem contadas, vão caindo a partir da roda sobre os membros, a cabeça e o corpo de sua personagem. Então ele as recolhe, as pessoas se dispersam, e em poucos instantes a imagem desaparece, pisoteada pelos passantes.

Entre tantos virtuosismos, a habilidade de comer macarrão com as mãos não é a menos importante. Por uma pequena gorjeta, mostra-se aos estrangeiros como se faz. Há outras coisas também, cada uma com seu preço. Comerciantes pagam um preço fixo pelas bitucas de cigarro apanhadas nas fendas das ruas de pedra após o fechamento dos cafés. (Antigamente saía-se em busca das bitucas com lampiões.) As pontas de cigarro, junto com restos de comida dos restaurantes, crânios cozidos de gato e mariscos, são vendidas nas bancas das ruas do porto. Há música por toda parte; não a melancólica, própria aos pátios fechados, mas a radiante, feita para as ruas. Uma carroça larga, espécie de realejo, anda carregada de textos de canções em papéis coloridos, que podem ser comprados. Uma pessoa gira a manivela, enquanto outra, ao seu lado, surge com o prato de esmolas à frente de todo aquele que, com olhar sonhador, se detém para ouvir a música. Assim, tudo o que alegra é móbil: música, brinquedos, sorvetes se espalham pelas ruas.

Essa música é um resquício do último feriado e um prelúdio do seguinte. O feriado penetra sem resistência qualquer dia de trabalho. A porosidade é a lei dessa vida que deve ser inesgotavelmente redescoberta. Um grão de domingo se esconde em cada dia da semana, e quantos dias de semana cabem nesse domingo!

Contudo, nenhuma cidade é capaz de murchar mais depressa do que Nápoles, nas poucas horas do repouso dominical. Mas ainda se encontram, aninhados em detalhes discretos, motivos de festa. Se alguém abaixa as persianas da janela, em outro lugar é como se bandeiras fossem içadas. Meninos com roupas coloridas pescam em riachos de um azul profundo e levantam os olhos para torres de igreja pintadas de vermelho. Por cima das ruas se estendem varais onde se penduram as roupas como bandeiras perfiladas. Sóis delicados se acendem nas garrafinhas de bebidas geladas. Dia e noite esses pavilhões reluzem em pálidos sucos aromáticos, com os quais a própria língua aprende o que significa a porosidade.

Se a política ou o calendário forem, de algum modo, propícios, todos esses segredos espalhados se fundem em uma festa ruidosa, coroada frequentemente com fogos de artifício sobre o mar. Uma faixa contínua de fogos percorre, nas noites de julho a setembro, a costa entre Nápoles e Salerno. Ora sobre Sorrento, ora sobre Minori ou Prajano, mas sempre sobre Nápoles, voam as bolas de fogo. Aqui, o fogo tem corpo e alma. Sujeita-se a modas e invenções. Cada paróquia deve superar a festa das vizinhas com novos efeitos luminosos.

Nesses eventos, uma atmosfera mágica é criada por foguetes a partir do mais antigo elemento de origem chinesa, o modelo do dragão, algo muito superior à pompa dos sóis colados no chão ou ao crucifixo ardendo sob o fogo de santelmo. Na praia, os pinheiros do Giardino Pubblico formam um claustro. Quando se desce até lá em noite de festa, a chuva de fogos se aninha em todas as copas. Mas, também aqui, não há nada de sonho. Só com o estrondo qualquer apoteose ganha as graças do povo. Na Piedigrotta, a principal festa dos napolitanos, esse prazer infantil pelas explosões assume uma feição selvagem. Na noite de 8 de setembro as ruas enchem-se de bandos de até cem homens, disfarçados por máscaras grotescas, soprando enormes canudos com bocais ressonantes. Cercam uma pessoa, se preciso à força, e massacram seus ouvidos com o som abafado que sai dos tubos. Negócios inteiros vivem do espetáculo. *"Roma"*, *"Corrieri di Napoli"*, gritam os meninos jornaleiros, esticando as palavras na boca como goma de mascar. Os seus gritos são a manufatura urbana.

O ganha-pão fácil, que encontra solo fértil em Nápoles, ronda nos jogos de azar e predomina nos feriados. A conhecida lista dos sete pecados capitais atribuía o orgulho a Gênova, a avareza a Florença (os antigos alemães tinham outra opinião, e chamavam de "florentino" aquilo que se costuma chamar de "amor grego"), a luxúria a Veneza, a ira a Bolonha, a gula a Milão, a inveja a Roma e a preguiça a Nápoles. A loteria, atraente e irresistível como em nenhuma outra parte da Itália, permanece sendo o arquétipo da atividade de subsistência. Todos os sábados, às quatro da tarde, uma multidão se aglomera no pátio da casa onde são sorteados os números. Nápoles é uma das poucas cidades com sorteio próprio. Com a casa de penhores e a loteria, o Estado mantém o proletariado sob suas tenazes: o que concede com uma mão, retoma com a outra. A embriaguez mais ponderada e liberal do jogo de azar, da qual toda a família participa, substitui a alcoólica.

E a vida comercial também assimila essa embriaguez. Em uma esquina, um homem está em cima de uma charrete desatrelada. Uma multidão o rodeia. A boleia está levantada e o vendedor retira dela alguma coisa que não para de recomendar, aos gritos. Antes que se possa notar o que está sendo vendido, a mercadoria desaparece em papelotes rosas ou verdes. Tão logo ele a levanta ao ar, num instante está vendida por uns poucos *soldi*. Uma peça após a outra vai sendo vendida, com os mesmos gestos misteriosos. O que haverá nos papelotes? Bilhetes de loteria? Fatias de bolos recheadas com moedas? O que torna as pessoas tão ávidas e o homem tão inescrutável como Mograby?[1] — Ele está vendendo pasta de dente.

Para essa forma de comércio, nada melhor do que o leilão. Quando o vendedor ambulante, ao desempacotar as mercadorias às oito da manhã, começa a exibir ao público cada peça — guarda-chuvas, tecidos, xales —, primeiro ele o faz de modo desconfiado, como se devesse ele próprio experimentar as mercadorias antes de todos; mas então se exalta e passa a pedir preços fabulosos, enquanto dobra e redobra serenamente o grande xale de quinhentas liras, apenas para oferecer cada dobra por um preço menor, até que, finalmente, quando a peça jaz diminuta em seus braços, ele a deixa por cinquenta liras. Ele permanece fiel, assim, às mais antigas práticas da feira popular. Há histórias engraçadas sobre o divertido prazer de regatear dos napolitanos. Numa *piazza* movimentada uma gorda senhora deixa cair o leque. Sem saber o que fazer, olha ao redor; é demasiado disforme para recolhê-lo por si própria. Um cavalheiro aparece e se dispõe a prestar o serviço por cinquenta liras. Negociam, e a senhora recupera seu leque por dez.

Bem-aventurada confusão no armazém! Pois aqui ele ainda se parece com as barracas de feira: são bazares. O corredor longo é privilegiado. Em um corredor desses, com cobertura de vidro, há uma loja de brinquedos (na qual se poderia comprar também perfumes e licores) que poderia estar ao lado de uma galeria de contos

---

[1] Personagem do conto homônimo incluído no livro *Grosses Märchenbuch* (1876), de Johann Andreas Christian Löhr (1764-1823), teólogo, pedagogo e escritor de livros infantis. Mograby é um mágico muito poderoso e cruel. Vende maçãs milagrosas que possibilitam a realização de um desejo. Como se sabe, os contos de fada são um dos tópicos mais importantes no pensamento de Walter Benjamin. (N. da O.)

de fada. A principal rua de Nápoles, a Toledo, funciona como uma galeria. É uma das de maior tráfego da Terra. De ambos os lados dessa estreita passagem exibe-se de modo insolente, rústico e sedutor, tudo o que chegou ao porto. Distâncias tão longas como essa, que deve ser percorrida sem que se olhe para os lados, para se evitar cair nas garras do demônio, só existem nos contos de fada. Existe também uma loja de departamentos como geralmente ocorre em toda cidade, um centro de compras, rico e magnético. Aqui ele é sem graça, superado por aquela confusão de mercadorias em espaços apertados. Mas o mercado sobrevive, em uma pequena derrota — bolas, sabonetes, chocolates — espremido entre as pequenas barracas de venda.

A vida privada é difusa, porosa e misturada. O que distingue Nápoles de todas as grandes cidades é a afinidade com o *kral*, a aldeia dos hotentotes: cada atitude e cada ato privado são inundados pelo fluxo da vida comunitária. O existir, para o europeu do norte o mais privado dos assuntos, aqui se torna, como em uma aldeia de hotentotes, assunto coletivo.

Por isso, a casa é muito menos um abrigo, no qual as pessoas se resguardam, do que um reservatório inesgotável a partir do qual fluem. A vida não irrompe apenas das portas. E não somente das calçadas, onde, sentadas em cadeiras, as pessoas trabalham (pois conseguem usar o corpo como uma mesa). Atitudes caseiras pendem das sacadas como plantas em vasos. Das janelas dos andares mais altos descem, em cordas, cestas para o correio, as frutas, o carvão.

Assim como os cômodos se abrem para a rua, com cadeiras, fogareiros e altares, com muito mais barulho a rua penetra dentro do quarto. Mesmo o mais pobre dos quartos está tão repleto de velas, santos de porcelana, fotografias na parede e camas de ferro, quanto a rua está cheia de carroças, pessoas e luzes. A miséria gerou uma expansão dos limites, reflexo da mais radiante liberdade de espírito. Comer e dormir não têm hora, às vezes sequer lugar.

Quanto mais pobre o bairro, mais numerosas são as tavernas. Dos fogões espalhados na rua pega, quem pode, o que precisa. O gosto dos pratos varia de acordo com o cozinheiro: mas não se cozinha ao acaso, seguem-se receitas tradicionais. Na vitrine da menor *trattoria*, onde peixes e carnes se amontoam diante de fregueses atentos, há nuances que escapam até aos conhecedores. No mercado de peixes, esse povo de marinheiros criou um grandioso santuário marinho ao estilo holandês. Estrelas-do-mar, caranguejos e polvos são retirados dos turbilhões de água que vibram com criaturas estranhas, cobrindo as bancadas, e são frequentemente comidos crus, apenas com um pouco de limão. Até os animais terrestres mais corriqueiros se tornam fantásticos. Nos últimos andares desses cortiços se criam vacas. Os animais nunca descem à rua, e seus cascos cresceram tanto que eles já não conseguem ficar de pé.

Como se pode dormir num quarto desses? Há camas, é verdade, mas tantas quanto o espaço permite. Se são seis ou sete, muitas vezes há o dobro de moradores. Por isso se veem crianças na rua tarde da noite, à meia-noite e mesmo às duas da madrugada. Ao meio-dia estão dormindo, deitadas atrás dos balcões das lojas ou nos degraus de uma escada. Esse sono, que também homens e mulheres recuperam pelos cantos sombreados, não é um sono protegido como o nórdico. Aqui também dia e noite se misturam, ruído e silêncio, luz de fora e escuridão de dentro, rua e lar.

Isso se nota até nos brinquedos. A Madona nas paredes das casas é desbotada, com as mesmas cores pálidas do brasão de Munique. O menino que ela segura em seus braços pode ser encontrado, como um brinquedo de madeira, com braços ou pernas faltando, nas lojas mais pobres de Santa Lucia. Com essas peças os moleques podem espancar o que quiserem. As mãozinhas do menino trazem um cetro e uma varinha de condão, assim se impõe ainda hoje o Salvador bizantino. As costas são de madeira bruta, só a frente é pintada. Roupas azuis com pontinhos brancos, bainha e bochechas vermelhas.

Mas o demônio da lascívia instilou-se em muitas dessas bonecas, que jazem nas vitrines, debaixo de papel de carta barato, pregadores de madeira e ovelhinhas de lata. Nos quarteirões superpovoados, mesmo as crianças travam rapidamente conhecimento com o sexo. Se a proliferação de crianças torna-se um flagelo, se um pai de família morre ou uma mãe adoece, os pequenos não precisam ser mandados para os parentes, próximos ou distantes. Há sempre uma vizinha para acolher em sua mesa uma criança, por pouco ou muito tempo, e desse modo as famílias vão se misturando, como que por adoção.

Os cafés são os verdadeiros laboratórios desse grande processo de mistura. Neles a vida não se senta o tempo suficiente para se estagnar. São espaços abertos e despojados, cafés populares onde se discute política, o oposto dos cafés vienenses, literários e restritos à burguesia. Os cafés napolitanos são apressados. É praticamente impossível uma permanência mais longa. Uma xícara fervente de *caffè espresso* — esta cidade é insuperável tanto nas bebidas quentes quanto nos picolés, raspadinhas e sorvetes — despacha o freguês para a rua, com uma saudação. As mesas reluzem como cobre; são pequenas e redondas, e um grupo de fregueses nada sofisticados hesita na entrada, antes de dar meia-volta. Só poucas pessoas conseguem uma mesa aqui, e apenas por alguns instantes. Três gestos rápidos com a mão, e o pedido está feito.

A gesticulação é mais usada aqui do que em qualquer outra parte da Itália. Para o forasteiro, a conversa é indecifrável. Ouvidos, nariz, olhos, peito e ombros são postos de sinalização ocupados pelos dedos. Distribuição que retorna também em seu erotismo meticulosamente especializado. Gestos solícitos e toques impacientes são percebidos pelo estrangeiro com uma regularidade que exclui o acaso. Sim, aqui o turista poderia se dar mal, mas o napolitano bonachão manda-o embora. Manda-o alguns quilômetros mais à frente, para a vila de Mori. "*Vedere Napoli e poi Mori*", o napolitano diz, repetindo um velho gracejo. "Ver Nápoles e depois morrer", traduz o alemão, concordando.

Acima, retrato realizado em Moscou, quando Bertolt Brecht fez sua primeira visita à União Soviética, em maio de 1932, para a apresentação do filme *Kuhle Wampe*. Na fileira de trás, o diretor do filme Slatan Dudow, o poeta e dramaturgo Serguei Tretiakóv, o encenador Erwin Piscator, Dagmara Kimele e Bernhard Reich (filha e marido de Asja Lacis). À frente, o poeta Semion Kirsánov, Asja Lacis (também na foto ao lado), Brecht, o ator Erwin Deutsch e Maria Kerzhentseva, esposa de Platon Kerzhentsev, do *Proletkult*.

Capri 1924 — Benjamin — "Nápoles"

Asja Lacis

Passamos a primavera e o verão com Reich[1] na Itália (Daga, a filha pequena, ficou com pneumonia, e os médicos recomendaram enfaticamente a ida a Capri). Fizemos paradas em Roma, em Nápoles e ficamos alguns meses em Capri. Ficamos em uma casinha, toda cercada por folhas fartas de parreira. À noite, via-se nitidamente o pico do Vesúvio, e às vezes a lava em brasa.

Também estava em Capri Sofia Krilenko, irmã do célebre revolucionário, que era então Comissário da Justiça. Bernhard Reich e eu fomos com ela visitar Filippo Marinetti, o líder dos futuristas,

---

[1] Bernhard Reich (1894-1972), diretor e crítico teatral de origem austríaca judia. Na década de 1920, foi amigo e colaborador de Bertolt Brecht. Em 1922 conheceu Asja Lacis (1891-1979), com quem manteve uma relação profissional e amorosa por toda a vida. Reich emigrou em 1925 para a União Soviética, participando do movimento teatral do país, sendo um dos primeiros a encenar peças de Brecht em russo. Asja se juntou a Reich ainda no mesmo ano. Com os expurgos stalinistas, ambos foram presos. Lacis de 1938 a 1948 e Reich de 1941 a 1951. Após 1948, Lacis retornou à Letônia, sua terra natal, e continuou atuando no meio teatral. Bernhard Reich mudou-se definitivamente para a Letônia em 1951. Escreveu um livro sobre o teatro de Brecht e um volume de memórias e reflexões sobre o teatro alemão, *Im Wettlauf mit der Zeit: Erinnerungen aus fünf Jahrzehnten deutscher Theatergeschichte* [Na corrida contra o tempo: memórias da história do teatro alemão em cinco décadas] (1970). (N. da E.)

e Maksim Górki, em Sorrento. Marinetti morava em Capri, numa *villa* em um parque amplo e bonito. Em sua casa havia móveis inusitados para os padrões da época. Havíamos estudado e discutido em Moscou os dez preceitos do futurismo de Marinetti. Ele nos falou de Gabriele d'Annunzio e leu para nós sua peça teatral sobre a guerra. Sua mulher vestia apenas duas cores — preto e branco.

Uma vez, Brecht e Marianne vieram inesperadamente. Ele nos fez uma descrição bem animada de Positano, e propôs que fôssemos visitar Caspar Neher por lá. Fomos em um barco a motor. Positano era um lugar muito singular. Parecia uma colmeia, as pessoas moravam em alvéolos cravados no morro. Na época, lá ainda era muito selvagem — viviam em Positano só uns poucos artistas, que dispensavam ou mesmo desprezavam qualquer conforto.

Reich precisou ir a Munique por algumas semanas. Eu ia com frequência à *piazza* para fazer compras, junto com Daga. Não sabia como falar "amêndoas" em italiano, e o vendedor não estava entendendo o que eu queria dele. Perto de mim estava um homem, e ele disse, em alemão: "Minha senhora, poderia ajudá-la?". "Por gentileza", respondi. Peguei as amêndoas e fui pela *piazza* com meus pacotes — o senhor veio atrás e perguntou: "Poderia acompanhá-la e levar os pacotes?". Fiquei olhando para ele — e ele prosseguiu: "Permita-me que eu me apresente: Doutor Walter Benjamin" — e eu disse meu nome.

Minha primeira impressão: lentes de óculos que tinham bastante reflexo, como se fossem pequenas lanternas, cabelo preto e de fios grossos, nariz fino, mãos desajeitadas — os pacotes escorregaram de suas mãos. Em suma — um intelectual sólido, de família abastada. Ele me acompanhou até em casa, despediu-se e perguntou se poderia me visitar.

Já no dia seguinte, ele chegou. Eu estava na cozinha (se é que se podia chamar tal lugar de cozinha) e fazia espaguete — usava um abanador de palha para manter o fogo aceso. Vestia um vestido cinza, com um rasgo triangular numa das laterais (que eu havia esquecido). Ele logo fez amizade com Daga. Em *Rua de mão única*, ele fala de uma pequena moça que se recusou a cumprimentar o convidado, porque ainda não tinha tomado banho, mas que, depois de ter tomado, entra nua no cômodo para cumprimentá-lo. Era Daga. Enquanto comíamos o espaguete, ele disse: "Observo a senhora já há umas duas semanas — como a senhora, em suas roupas brancas, junto com a Daga, que tem pernas tão compridas, não atravessavam a *piazza* e, sim, flutuavam por ela".

Sucedeu uma conversa animada. Contei do meu teatro infantil em Oriol, e do meu trabalho em Riga e em Moscou. Ele logo se empolgou com a ideia de um teatro infantil proletário e com Moscou. Tive que contar para ele em detalhe não só do teatro moscovita, mas também dos novos comportamentos socialistas, dos novos escritores e poetas; mencionei Libedínski, Bábel, Leônov, Katáiev, Serafimóvitch, Maiakóvski, Gástiev, Kiríllov, Guerássimov — e falei de Kollontai e Larissa Reissner. Ele retribuiu e me falou da literatura francesa moderna, de André Gide e de seu romance *Os moedeiros falsos*; falou de Marcel Proust, que ele achava absolutamente incrível e, de saída, traduziu para mim algumas de suas descrições de várias páginas. Com umas poucas frases, fez um retrato literário de Vildrac e Duhamel, e traduziu para mim algumas de suas passagens prediletas das novelas de Giraudoux, que elogiou por sua inteligência e por suas delicadas análises psicológicas — e mais tarde, em Berlim, me daria para ler o romance inacabado de Kafka, *Amerika*. Kafka me causou certa impressão, e mais tarde comprei para mim *O castelo* e *O processo*. Benjamin veio me mostrar as anedotas e contos de Heinrich von Kleist, com os quais estava bastante entusiasmado; um de seus escritores prediletos era Jean Paul.

Benjamin levava uma vida pouco regrada em Capri; frequentemente ficava sem comer na hora do almoço, ou comia no máximo uma barra de chocolate.

Uma vez apareceu alegre e disse: "Enfim, aluguei um aposento maravilhoso, venha ver". Para meu espanto, o aposento parecia uma caverna no meio de um matagal de videiras e rosas selvagens. Ele me contou alguma coisa a respeito de seus próprios trabalhos. Pedi que lesse para mim Charles Baudelaire na sua tradução. Eu já gostava muito de Baudelaire. Ele falou muito de Goethe, e com um entusiasmo especial de *As afinidades eletivas*. Ele achava que, no tocante à sua psicologia e problemática, essa era uma obra inteiramente moderna, e disse estar trabalhando em um ensaio sobre o assunto. Ele estava imerso no trabalho *Origem do drama barroco alemão*. Quando fiquei sabendo por ele que se tratava de uma análise da tragédia barroca alemã do século XVII, que apenas uns poucos especialistas conhecem essa literatura, e que essas tragédias nunca foram encenadas, torci o nariz: para que ocupar-se com literatura morta? Ele ficou em silêncio por um tempo, e então disse: em primeiro lugar, introduzo uma nova terminologia na ciência, na estética. Quando se trata do drama contemporâneo, os conceitos de "tragédia" e "drama barroco" são empregados indiscriminadamente, como simples palavras. Mostro a diferença de princípio entre tragédia e "drama barroco". Os dramas do período barroco exprimem desespero e desprezo pelo mundo — são peças realmente enlutadas.[2] Ao passo que a atitude dos trágicos gregos, da tragédia autêntica, permanece inabalável diante do mundo e do destino. Essa diferença de atitude e sentimento em relação ao mundo é importante. Precisa ser observada e leva, em última análise, a uma diferença entre gêneros — a saber, entre tragédia e drama barroco. A dramaturgia barroca é, com efeito, a origem das peças enlutadas difundidas na literatura alemã dos séculos XVIII e XIX.

---

[2] "*Traurig*", em alemão, guarda um vínculo etimológico com "*Trauerspiel*", "drama barroco". (N. do T.)

Em segundo lugar — disse ele — sua investigação não era meramente uma pesquisa acadêmica; mas estaria diretamente relacionada a problemas muito atuais da literatura contemporânea. Ressaltou bastante que, em seu trabalho, identificava a dramaturgia barroca como uma manifestação análoga ao expressionismo, quanto à busca pela linguagem formal. É por isso que — disse ele — abordei de maneira tão exaustiva a problemática artística da alegoria, dos emblemas e do ritual. Os especialistas em estética até então consideravam a alegoria um recurso artístico de segunda categoria. Ele queria provar que a alegoria era um meio artístico de alto valor, e mais que isso: uma forma específica de percepção artística.

Na época não fiquei satisfeita com suas respostas. Perguntei se ele também via analogias entre as visões de mundo dos dramaturgos barrocos e dos expressionistas, e quais interesses de classe elas expressariam. Ele respondeu de maneira vaga e então acrescentou que no momento estava lendo Lukács e agora começava a interessar-se por uma estética materialista. Na época, em Capri, eu não entendi bem o nexo entre alegoria e poética moderna. Agora, em retrospectiva, compreendo o quão profundamente Walter Benjamin intuiu os problemas modernos da forma. Ainda nos anos 1920, nas peças de *agitprop* e no drama de Brecht (*Mahagonny, A peça didática de Baden-Baden sobre o acordo*), a alegoria revela-se um recurso expressivo valioso. Na dramaturgia ocidental, por exemplo nos dramas de Genet, e também em Peter Weiss, o ritual é um fator importante.

Em Capri, ele me contou que seu trabalho sobre o drama barroco alemão teria uma importância muito grande para sua carreira. Ele queria submetê-lo como tese de habilitação para uma universidade. Como ele divergia em muitos pontos dos dogmas tradicionais, e polemizava indiretamente com Johannes Volkelt, o papa da estética, ele encontraria dificuldades e precisaria proceder de maneira diplomática.

Agora, ao reler o livro, percebo como Walter era ingênuo. Embora a escrita pareça correta do ponto de vista acadêmico — recheada de citações eruditas, inclusive em francês e latim —, e ocupe-se de um material enorme, ainda assim é bem claro que não é um livro escrito por um acadêmico, e, sim, por um poeta, que ama de paixão a linguagem e se vale de hipérboles para dar forma a algum aforismo brilhante. Aliás, Walter Benjamin escreveu poemas para mim. Foram compostos em métricas arcaicas, em hexâmetros e alexandrinos, e eram ricos no conteúdo e primorosos na forma.

Benjamin me acompanhou em uma festa em Capri e Anacapri. Paramos na *piazza* e vimos um espetáculo maravilhoso: fogos de artifício das mais variadas cores eram lançados na noite e projetavam um reflexo duplo, acima, no céu, e abaixo, no mar. Nunca tinha visto uma combinação de ornamentos tão cheia de fantasia. Estávamos hipnotizados. Ao me acompanhar de volta para casa, ele disse: "Isso custou um bom dinheiro para o Estado. Mas os que estão lá em cima sabem que compensa. O povo não precisa só de pão, mas também de circo".

Numa ocasião, ele levava consigo um livro para aprender o idioma hebraico; disse que estava estudando hebraico. Talvez fosse à Palestina. Seu amigo Scholem lhe prometia uma vida segura por lá. Fiquei sem palavras e depois se seguiu uma confrontação ríspida: o caminho de uma pessoa que normalmente pensa de maneira progressista levava a Moscou, e não à Palestina. Posso dizer com tranquilidade que fui eu quem fez com que Walter Benjamin não fosse à Palestina.

Viajamos a Pesto em companhia de Benjamin, onde visitamos as ruínas de um teatro antigo. Fomos a Pompeia soterrada pelo Vesúvio, e percorremos Nápoles em todas as direções. Vimos grande pobreza: famílias inteiras moravam na rua, para economizar o aluguel. Vi um bebê acomodado em um cesto, que mamava em uma garrafa grande. Na garrafa havia um líquido vermelho. Walter me contou que as mães davam vinho às criancinhas, para que dormissem profundamente e lhes deixassem em paz. A certa altura falei que as casas pareciam porosas. Quando voltar para casa, vou mandar construir cenários com inúmeros palcos.

Benjamin disse: vamos escrever um artigo juntos — "Nápoles". Escrevemos. [...][3]

Em setembro fui a Paris para encontrar Reich. No fim de outubro, voltamos à Alemanha. Vivíamos em Berlim. Lá eu me encontrava frequentemente com Benjamin. Tínhamos uma verdadeira paixão pelas cidades. Ele dizia que não se podia conhecer de maneira justa uma cidade em pouco tempo. Ele me ensinou a olhar Berlim do jeito certo, a ver tanto as contradições manifestas como as ocultas (a avenida Kurfürstendamm, Grunewald — o norte de Berlim). Queria ver outras cidades em minha companhia e escrever a respeito. Convidou-me para ir a Granada. Eu tinha outros planos e não pude viajar até Granada. Mas fomos de navio a Hamburgo. No porto, vimos navios de grande porte e fizemos um passeio por St. Pauli (o protótipo de Mahagonny, a cidade enredante de Brecht). Recordo-me do café em que fora armada uma arena. Uma mulher nua, com maquiagem rosa, andava a cavalo na arena. Havia um cheiro de estábulo. Os proprietários da indústria de entretenimento entendiam muito bem que era mais fácil garimpar o ouro do bolso dos homens do que dos rios.

Em Berlim, Benjamin vivia em condições burguesas. Seus pais tinham uma boa casa em Grunewald, onde ele também morava. Ele conhecia perfeitamente os restaurantes berlinenses e suas especialidades. Convidava-me com frequência, e eu apreciava o jeito experiente e elegante com que ele compunha o menu. Ele discutia frequentemente com um jovem filósofo, cujo nome não me

---

[3] Neste ponto ("Eis algumas passagens:"), Asja Lacis passa a citar trechos de "Nápoles". (N. da E.)

recordo. Discutiam usando uma terminologia específica, de modo que eu não conseguia acompanhar sua conversa. Em certa ocasião, Bruno Frank — se não me engano — nos levou de carro por uma estrada, em altíssima velocidade. Benjamin ficara de lhe dar um parecer sobre um romance da editora Ullstein. Contou que Stefan, seu filho, estava frequentando um curso de ginástica rítmica, e sugeriu matricular Daga lá também. Stefan viria buscá-la. Fui lá algumas vezes com Daga. Stefan se portou como um pequeno cavalheiro, de modo cortês e galante. Às vezes Walter me falava do irmão, que era médico e comunista. Eu queria muito conhecê-lo. Benjamin prometeu me apresentar a ele, mas não cumpriu com sua palavra. Ele me pediu mais de uma vez para apresentá-lo a Brecht. Certa vez fui com Brecht a um restaurante. Brecht disse que minha figura ficava muito distinta no novo vestido parisiense, e que ele, com seu traje ordinário, não estava à altura. Então eu lhe disse que Benjamin gostaria de conhecê-lo. Dessa vez, Brecht concordou. O encontro ocorreu na pensão Voss (do outro lado da Spichernstrasse), que era onde eu morava na época. Brecht foi muito reservado; depois disso, eles se reuniram só umas poucas vezes.

Por essa época, Benjamin empenhava-se para obter um cargo de livre-docente — o que não conseguiu. Ficou muito contrariado.

Que o capitalismo não prestava, nem precisávamos discutir. Ele era contra o capitalismo, e também não achava que a salvação estaria no autoaperfeiçoamento moral à maneira de Tolstói; era favorável a uma transformação violenta do Estado capitalista. Na Alemanha, encontrei muitos intelectuais que pensavam da mesma forma que Benjamin.

Frequentemente se dava entre nós um diálogo mais ou menos assim: "Você é culto, tem uma boa cabeça, uma área de especialidade — e não tem meios materiais de subsistência". Walter calava-se. Eu continuava: "Em Riga as coisas também não iam bem para mim em termos materiais. Por quê? Porque eu lutava contra o Estado burguês, do contrário poderia ganhar muito dinheiro. Mas onde você está, mestre da cultura? Seu irmão está no Partido Comunista! Porque você não?".

Walter dizia: "Bom, pra você é muito fácil". Ele chegava mesmo a dizer: "Com você, a situação é como a de um cavalo com antolhos. Só enxerga o que está a sua frente e o caminho lhe parece reto. Para mim é mais difícil, mais complicado; devo ainda pensar em muitas outras coisas além disso".

Benjamin não entrou no Partido Comunista, mas buscava contato com comunistas e frequentava os eventos da associação dos escritores proletários.

Contava-me com frequência seus sonhos. Eu escutava a contragosto e o interrompia, mas ele contava mesmo assim. Perguntava-me como é que um homem afinal tão esclarecido e aberto podia ocupar-se com sonhos. Agora li a seguinte passagem no seu ensaio "Experiência e pobreza": "Ao cansaço segue-se o sono, e não é raro que o sonho compense a tristeza e o desânimo do dia, realizando a existência inteiramente simples e absolutamente grandiosa que não pode ser realizada durante o dia. A existência do camundongo Mickey é um desses sonhos do homem contemporâneo". Agora entendo o interesse de Benjamin pelos sonhos.

Para ele, era muito importante quais coisas e quais objetos o cercavam. Ele tinha uma paixão especial por livros. Não cansava de colecioná-los, tinha exemplares raros e orgulhava-se deles. Ele se acostumava às coisas que o cercavam. Uma vez deixei umas coisas minhas na casa dele, em um cesto. Ele gostou de um tapete turcomano e de uma almofada com um arranjo moderno de cores, um modelo da artista soviética Aleksandra Exter. Antes da minha partida, fui buscar minhas coisas. Mas Walter não queria se separar do tapete e da almofada. Deixei-os com ele — ficou feliz. Quando veio me visitar em Riga e Moscou, me diz que as coisas haviam se acostumado a viver na sua casa. Quando me trazia uma surpresa, dava para notar pelo pequeno presente que ele o escolhera há tempos e pensara em cada detalhe. As coisas com as quais topava eram para ele seres — que atrapalhavam ou ajudavam. Muitas vezes ele falava que a posição dos móveis era importante para o êxito de uma reunião de negócios.

As observações sobre isso em "Policlínica" e em "Artigos de escritório" (*Rua de mão única*) me lembram nossas conversas.

Sobre os escritos de Walter Benjamin

Siegfried Kracauer

Há pouco tempo apareceram duas obras de Walter Benjamin, *Origem do drama barroco alemão* e *Rua de mão única*. Uma contém a apresentação e a interpretação de elementos essenciais que se encarnaram na efetividade do drama barroco (e contém ainda muito mais). A outra é uma coleção de aforismos que, movendo-se por uma rede de ruas pouco conhecida, partem dos fenômenos da vida presente ou neles desembocam.

A despeito de sua diferença temática, ambas as obras estão relacionadas como expressões de um mesmo pensamento, que é estranho ao da época. São-lhe aparentados, muito antes, escritos talmúdicos e tratados medievais. Pois, como nesses últimos, sua forma de apresentação é a interpretação. Suas intenções são de tipo teológico.

O próprio Benjamin chama seu procedimento de monadológico. É a posição oposta à do sistema filosófico que deseja assegurar-se do mundo em conceitos gerais; a posição oposta à da generalização abstrata. Enquanto a abstração liga os fenômenos entre si para levá-los a um conjunto mais ou menos sistemático de conceitos formais, Benjamin afirma, referindo-se aqui à doutrina das ideias de Platão e à escolástica, a multiplicidade descontínua — não tanto dos fenômenos quanto das *ideias*. Estas se manifestam no opaco meio da história. O drama barroco, por exemplo, é uma ideia.

É decisivo para esse pensamento que as ideias não lhe resultem do contato imediato com os fenômenos vivos. O observador que se relaciona imediatamente com os fenômenos pode experimentar sua configuração ou os apreender como a efetivação de abstrações quaisquer. É indiferente como o observador os percebe: a maneira peculiar pela qual um fenômeno se apresenta na relação imediata, segundo Benjamin, não diz quase nada sobre as essencialidades que ele abriga. Sua configuração viva é transitória, os conceitos dele extraídos são vãos. Em suma: a quem se volta diretamente para ele, o mundo mostra uma figura que é preciso destroçar para se poder chegar às essencialidades.

Na obra sobre o drama barroco, Benjamin empreende de maneira exemplar a decomposição em elementos significativos, necessária à apresentação da ideia, do complexo chamado "drama barroco". Um desses elementos é a *alegoria*. Lançando mão das fontes primárias, Benjamin remonta até a origem intencional da alegoria; portanto, até o ponto de sua história em que se descortina sua autêntica significação. Uma rara capacidade intuitiva o habilita a penetrar no mundo ancestral das essencialidades e a encontrar o que lhes pertence desde o princípio. Sua interpretação da alegoria é admirável. Com base em escritos originais, tal interpretação demonstra pela primeira vez como a natureza votada à morte (para o Barroco, história, enquanto história do sofrimento do mundo, é natureza) torna-se alegoria sob o olhar do melancólico. Depois que todos os elementos são carregados ao extremo de sua significação, Benjamin exibe o movimento *dialético* em que eles se entrelaçam na constituição do drama barroco. É inteiramente coerente que, para ele, não se trate em absoluto, jamais, de fazer com que as essencialidades sejam subsumidas sob um conceito abstrato mais amplo, mas que se trate sim, sempre, apenas de sua síntese dialética, que lhes salvaguarda a plena concretude. Caso as significações se unam sob o signo de uma ideia, elas então saltam umas sobre as outras como faíscas elétricas, em vez de se "suprimirem"[1] em um conceito formal. Dialeticamente, elas se contrapõem novamente na história e têm, cada uma por si, sua história ulterior particular.

A diferença entre o pensamento abstrato usual e o de Benjamin seria, portanto, a seguinte: se aquele desbota a plenitude concreta dos objetos, este se mete nas brenhas da matéria para desdobrar a dialética das essencialidades. Tal pensamento não incorre em uma generalidade qualquer; ele persegue o curso de certas ideias através da história. Porém, uma vez que cada ideia é uma *mônada*, o mundo parece oferecer-se a ele na apresentação de cada ideia. "O ser que aí, com uma história pregressa e posterior, entra nela," — na ideia — "dá, ocultado na própria figura, a abreviada e obscurecida figura do restante do mundo das ideias [...]."

Os historiadores, os estudiosos da história da literatura e da história da arte — para não falar dos filósofos — encontrarão no escrito sobre o drama o que lhes convém. Um saber incomum em torno das significações e das ideias se associa à profunda erudição do pesquisador, que necessariamente é impelido por seus *insights* filosóficos justamente às fontes desconhecidas, remotas. Dá-se no

---

[1] "Suprimirem" = "*aufheben*". Hegel explora de maneira emblemática a polissemia do verbo alemão *aufheben*, pois o emprega condensando seus três significados principais: suprimir, conservar, elevar. Na síntese dialética hegeliana, coisas ou conceitos antagônicos são, por um lado, suprimidos do movimento dialético; por outro, são elevados a um novo estado de coisas ou a um novo conceito e aí conservados. Atualmente, no contexto da filosofia hegeliana, costuma-se traduzir *aufheben* com o neologismo "suprassumir" (cf. verbete "suprassunção" em Michael Inwood, *Dicionário Hegel*, trad. Álvaro Cabral, Rio de Janeiro, Jorge Zahar, 1997, pp. 302-4). Porém, justamente aqui, Kracauer parece visar apenas o sentido de supressão contido em *aufheben*, pois alude justamente à perda da concretude no pensamento de caráter formal-abstrato, que é baseado na subsunção — não na suprassunção. (N. do T.)

livro uma nova teoria da tragédia antiga. Além da interpretação da alegoria, descerram-se nele, oriundas dos teores materiais da cena barroca, importantes essencialidades como o destino, a honra, a melancolia. Tornam-se claros o sentido dos figurantes do drama e todos os elementos que lhe pertencem. Estão contemplados o drama clássico da fatalidade e suas derivações românticas. Decerto jamais foi demonstrado de modo tão contundente que as essencialidades começam com a história sem dela proceder. Após a obra de Benjamin, não se verá o barroco, e não apenas o barroco, com os mesmos olhos de antes.

Aqui, naquilo que diz respeito ao método, é importante sobretudo afirmar: o livro sobre o drama barroco não contém apenas a história da significação de uma ideia encarnada no material, mas também uma visão da *ordem* atemporal do mundo das ideias. Aquela mesma capacidade intuitiva que conduz Benjamin à origem lhe possibilita o saber sobre o lugar correto das essencialidades, um saber que, com todo o direito, pode ser chamado de teológico. Para ele, o mundo é *deslocado*; tão deslocado quanto sempre o foi para a consideração teológica. Isso é também a exata razão pela qual Benjamin crê ser necessário não levar em conta a imediatidade, demolir as fachadas, despedaçar as formas. É muito coerente com sua maneira de pensar que ele quase nunca aborde os constructos e os fenômenos à época de seu florescimento, mas, muito antes, os busque no passado. Quando vivem, lhe são confusos como um sonho; no estágio da decomposição, eles se iluminam. Nas obras e nos estados já mortos, afastados das relações atuais, Benjamin obtém suas colheitas. Pois, uma vez que deles se retirou a sua urgência, eles se tornaram transparentes perante a ordem das essencialidades.

Por força do visto que penetra nessa ordem, Benjamin desejaria, nas obras e nas situações já caducas, afastadas em relação à atualidade, cumprir o ato de *salvação* que cabe à consideração teológica. Para ele, o que importa é sempre demonstrar que o grande é pequeno e que o pequeno é grande. A vara radiestésica de sua intuição aponta para o domínio daquilo que não chama a atenção, do que está desvalorizado de modo geral, daquilo que foi preterido pela história, e descobre justamente aí as supremas significações. Não por acaso, Benjamin perambula pelo ermo do drama barroco e atribui à alegoria um peso que, na concepção usual, ela não possui em comparação com o símbolo. De modo bastante característico, na apresentação de Benjamin, a alegoria resgata os antigos deuses, que por meio dela podem sobreviver no ambiente inóspito da cristandade medieval. Outro motivo de sua contemplação é o desvelamento daqueles lugares ocultos e daqueles pontos nodais do curso da história nos quais a *redenção* é visada ou se mostra em imagem. "Sim, quando o Altíssimo vier colher do cemitério da Igreja,/ Eu, uma caveira, tornar-me-ei um rosto angelical" — esse dito de uma caveira falante, extraído de *Hyacinthen* de Lohenstein, serve de epígrafe à última seção da obra sobre o drama barroco, que trata da reversão da melancolia no mundo de Deus e interpreta a imagem da apoteose como alusão à redenção. Talvez a intenção do pensamento de Benjamin seja propriamente esta: perseguir aqui e ali aquele processo que acontece nas costas das coisas entre o céu e o inferno e que por vezes irrompe de modo visível em nosso mundo onírico. É cabível chamar Benjamin de "agente secreto" em sentido semelhante àquele no qual Kierkegaard se designou o "agente secreto da cristandade".

Que Benjamin queira despertar o mundo de seu sonho, isso é testemunhado por alguns aforismos radicais de *Rua de mão única*. Esse pequeno livro, confeccionado com sutileza um tanto em demasia brincalhona (à época, publicamos muitos de seus trechos em nosso suplemento literário),[2] reúne pensamentos oriundos dos

---

[2] Ao menos desde 1924 Walter Benjamin já planejava publicar seus aforis-

mais diferentes âmbitos da vida pessoal e pública. Ao acaso, sejam mencionados: curiosos relatos de sonhos; cenas infantis; alguns medalhões com imagens de locais propícios à improvisação (feiras, portos), cujos delicados contornos lembram baixos-relevos; além de declarações sobre amor, arte, livros e política, as quais por vezes registram espantosos achados da meditação. As considerações são, de resto, de valor desigual. Ao lado de notas que talvez ainda aguardem elaboração, encontram-se manifestações de mero *esprit*; e aqui e ali (por exemplo, na seção "Panorama imperial", que busca caracterizar a inflação alemã) impressões privadas estão monumentalizadas, não sem arbitrariedade. É como se nesse volume Benjamin tivesse desvendado, intencionalmente, os muitos aspectos que lhe são acessíveis, a fim de também por esse lado reforçar as estruturas descontínuas do mundo. No tocante à postura geral de *Rua de mão única*, a soma dos aforismos mostra, conscientemente, o fim da época individualista, ingenuamente burguesa. O método empregado no livro sobre o barroco, de dissociação de unidades dadas na experiência imediata, deve adquirir, quando aplicado ao momento de hoje, um sentido, se não revolucionário, certamente explosivo. Com efeito, a coletânea é rica em detonações. Por detrás do monte de entulho, vêm à luz não tanto puras essencialidades quanto, muito antes, pequenas partículas materiais que indicam essencialidades (Benjamin alude, por exemplo, à significação do estado de sobriedade pela manhã, à significação de se lavar etc.); ademais, de modo geral, o livro se distingue de seu trabalho anterior por meio de seu

---

mos, tendo compartilhado parte deles com Siegfried Kracauer. Algum tempo depois, Kracauer fez com que viessem a público no *Frankfurter Zeitung* dois grupos de aforismos, com títulos concebidos por ele mesmo: "Kleine Illuminationen" [Pequenas iluminações] (14 de abril de 1926) e "Häfen und Jahrmärkte" [Portos e feiras] (9 de julho de 1926). (N. do T.)

materialismo particular. Que nos lugares habitualmente não vistos se faça uma limpeza e uma iluminação de terreno, isso corresponde a todo o procedimento de Benjamin. "As opiniões", formula ele logo no primeiro aforismo, "para o aparelho gigante da vida social, são o que é o óleo para as máquinas; ninguém se posta diante de uma turbina e a irriga com óleo de máquina. Borrifa-se um pouco em rebites e juntas ocultos, que é preciso conhecer."

Contudo, a própria vida que deve ser deslocada quase não é levada em conta por Benjamin. Decerto, não é por acaso que as interpretações obtidas do tempo presente em *Rua de mão única* não possuem o impacto duradouro das interpretações que Benjamin extrai do material do drama barroco. Isso se explica por sua convicção sobre a falta de teor daquilo que se dá de maneira imediata, e que lhe parece confuso. Benjamin está tão afastado da imediatidade que nem mesmo a confronta. Nem registra a impressão de qualquer configuração imediata, nem se envolve jamais com o pensamento abstrato dominante. Sua matéria é propriamente aquilo que tem sido; é dos escombros que lhe nasce o saber. Aqui, portanto, não é absolutamente empreendida a salvação do mundo vivo, muito antes, aquele que medita salva estilhaços do passado. Não é sem razão que, partindo do mundo em sua imediatidade, a dialética das essencialidades, que se cumpre nas suas costas, tem de ser exibida nas obras decompostas, assume a aparência do estético. Benjamin só abriria caminho para a realidade plena se desdobrasse a dialética real entre os elementos das coisas e suas figuras, entre as concreções e as abstrações, entre o sentido da configuração e a própria configuração. O pensamento que hoje ele encarna unilateralmente, não importa se de modo mais ou menos extremado, caiu no esquecimento desde o advento do idealismo. Conscientemente, Benjamin o apresenta de novo na esfera de influência de nossa filosofia, graças à união da mesma habilidade que ele atribui a Karl Kraus (a saber, perceber "o murmúrio saído de uma profundeza tectônica da língua")[3] com aquela outra que o faz saborear as essencialidades. Não é à toa que ele traduziu passagens da obra de Proust, que lhe é aparentado. Com Benjamin, a filosofia reencontra determinações de conteúdo, o filósofo é puxado para "uma posição mediadora entre o pesquisador e o artista".[4] Ainda que ele não se demore no "reino dos vivos",[5] busca as significações nos depósitos de vida vivida, e que aguardam por um receptor.

---

[3] Walter Benjamin, "Monumento ao guerreiro", nesta edição p. 75. (N. da E.)

[4] Walter Benjamin, *Origem do drama barroco alemão*, trad. Sergio Paulo Rouanet, São Paulo, Brasiliense, p. 54. (N. do T.)

[5] Walter Benjamin, "Monumento ao guerreiro", nesta edição p. 75. (N. da E.)

A forma de revista na filosofia

Ernst Bloch

Lá onde ela está tomando forma, nós a acompanhamos com grande alegria. Então, algo perturba, logo adiante já é diferente, muda-se de novo de direção. Eis o que se passa conosco no primeiro ensaio dessa espécie empreendido por Benjamin. As comparações jocosas não estão em falta, mas bem que poderiam estar. Também as sérias nem sempre voltam para casa, ao contrário, ficam na rua que corre por aqui.

Há diferentes coisas que, em parte, são particulares demais, em parte, ecoam desnecessariamente antigas. É justamente assim no livro *Rua de mão única*, que Benjamin veio a publicar e que representa aqui, como um tipo, o modo de pensar surrealista. Seu eu está muito próximo, mas é cambiante, aliás, há muitos eus, bem como quase toda frase começa de um novo jeito, cozinha diferentemente coisas diferentes. Esse livro se serve dos mais modernos meios para tratar, com graça temporã, de conteúdos muitas vezes remotos ou desaparecidos. Sua forma é a de uma rua, uma sucessão de casas e lojas em que estão expostos súbitos pensamentos.

Algo assim só podia surgir nos dias de hoje, sem que seja um mero incidente. Somente hoje uma idiossincrasia interior e, sobretudo, associada a objetos concretos, pode ser levada a sério sem que reste solitária, incomunicável, incompreensível. Pois, em larga medida, a forma grandiosa ficou para trás, a velha cultura burguesa, com teatro de corte e formação completa, não floresce mais sequer em epígonos. Da rua, das feiras, do circo, do comércio ambulante, outras formas, novas ou só conhecidas como provenientes de cantos desprezados, avançam e ocupam o campo da maturidade. Precisamente: o palhaço irrompeu dentro do balé moribundo; a leve máquina de morar, dentro dos estilos mortos já há muito; a descontínua revista, dentro da velha e belamente acabada construção cênica. É verdade que, imediatamente, a revista continha pouco mais que um "relaxamento" (e mesmo esse pode ser novamente retesado). Nenhum novo "ator" surgiu da revista, a qual serviu de modo preponderante à plebe dos cabarés e era amorfa como ela. Porém, por vários meios, a "revista" — como uma das formas mais abertas e, involuntariamente, mais honestas do presente — pôde servir de decalque daquele espaço oco em que nada mais pode estar concluído sem mentira, em que tão somente partes se encontram e se misturam. A impressão oblíqua da revista veio justamente da força e da vivacidade sensíveis de cenas sem laços entre si, da mutabilidade e da transmutação de umas nas outras, de seu contato com o sonho. Assim, essa forma entrou como recurso auxiliar em uma arte muito diferente, que se estende de Piscator à *Ópera dos três vinténs*; não faltaram nem mesmo novos aspectos das ações improvisadas. Em Benjamin, esses ações se tornaram filosóficas: como forma da interrupção, como forma em favor do improviso e do repentino olhar de soslaio, em favor de detalhes e fragmentos, que de todo modo não buscam qualquer "sistemática". Máxima, preceito, diálogo, tratado — essas sempre foram formas filosóficas fora do sistema, muito antes dos sistemas modernos e ainda dentro deles. Agora, junto com o princípio burguês da razão apriorística, também bate em retirada o sistema que discutira e desenvolvera sua coerência idealista unicamente a partir desse princípio racional. O edifício doutrinário fechado está desaparecendo no mesmo ato que o cálculo abstrato e fechado da burguesia; de modo que Nietzsche pôde até mesmo batizar o sistema de "vontade de desonestidade". Assim, as impressões questionadoras e questionáveis de Simmel encontraram lugar; assim até mesmo no coro dos peregrinos acadêmicos, que canta incessantemente "sistemas", irrompeu uma espécie de Hörselberg:[1] na forma da assim chamada filosofia da existência — com complexos, mas sem sistema. A "revista" aparece decididamente de outro modo no pequeno ensaio dessa forma de Benjamin; aparece como improvisação refletida, como resíduo da coerência estilhaçada, como uma sucessão de sonhos, aforismos e palavras de ordem, entre os quais quer estar presente, no máximo, uma indireta afinidade eletiva. Assim, se a "revista", segundo sua possibilidade metódica, é viagem através deste tempo que continua oco, então o ensaio de Benjamin oferece as fotos dessa viagem, ou melhor, oferece logo: uma fotomontagem.

Eus sempre novos, dissemos nós, podem ser vistos aqui e se extinguem. Com efeito, em termos físicos, absolutamente ninguém anda propriamente na rua, as coisas da rua parecem estar isoladas entre si. O que enche o peito de expectativas, isso só se exprime em fragmentos externos; esses assumem a forma de placas e vitrines. Justamente a forma da rua de mão única: não enquanto constructo qualquer, como praça semelhante àquelas que existem em sonhos comuns, mas como fio condutor filosófico e bazar. Isso produz a forma mais insólita em que pensamentos já foram desdobrados; os capítulos se chamam: "Posto de gasolina", "Sala de desjejum", "Relógio principal", "Parada para não mais de três carruagens", "Artigos de fantasia", "Nº 13", "Guichê de achados e perdidos", "Vestiário de máscaras" e assim por diante. A isso correspondem os fragmentos filosóficos que ficam nesses locais, nessas vitrines, e que, todavia, são intercambiáveis, com a mais alta variabilidade. Cate-

---

[1] Alusão à ópera *Tannhäuser* (1845) de Richard Wagner e à lenda de Hörselberg, montanha permeada de cavernas e habitada por Vênus. (N. do T.)

drais, por exemplo, mostram-se como "estação de trem da religião" e mostram-se, logo depois, envolvidos com olhares alegóricos como o seguinte: "vagões-dormitório com destino à eternidade são, na hora da missa, expedidos daqui". Crítica à "estação de trem da religião", por certo, mas o trem anda igualmente em sentido oposto, a saber, da eternidade e de sua essência de mito para a estação, a fim de aqui descarregar contrabando. Esse estilo de linguagem possui em pensamento essa profusão de encontros que constitui o surrealismo de Max Ernst até Cocteau: a junção do longínquo lá com o mais próximo aqui, de mitos sufocantes com o mais exato cotidiano. Portanto, emerge uma vez mais a questão pelo eu ou pelo nós, que não pode, todavia, variar ou faltar de modo tão inumano. O eu que fica na rua é, contudo, apenas o corpo que vagueia, portanto, não é primeiramente ouvido e olho, não é calor, bondade, espanto, mas sim tato e paladar climatopáticos. Caso se possa aplicar aqui uma categoria de Bachofen, então um espírito ctônico encontrou sua moradia nesse pensamento-rua, mais exatamente, nesse pensamento-passagem. Tal como veleiros estão dentro de garrafas, tal como árvores floridas e torres cobertas de neve parecem encerradas e preservadas em bolas de vidro, assim os filosofemas do mundo encontram-se aqui dentro das vitrines. Mesmo com o cosmos esse espírito só tem contato através de um olhar interior que o saboreia ou com um paladar que o vê — e, sim, ele o exprime com embriaguez corporal (capítulo "A caminho do planetário"). Rua dos sonhos corporalmente próxima, com lojas em que o sabor do tempo é condensado, com casas em que são condensados conteúdos mistos do tempo — isso é ou poderia ser a paisagem desse ensaio. Aqui está, portanto, não meramente a inauguração de um novo negócio em filosofia (que antes disso, aliás, não tinha nenhuma loja), mas uma orgia de objetos náufragos arrojados à praia, um pedaço do conjunto surrealístico de olhares perdidos, das coisas mais familiares.

Quando os olhos se voltam para trás e miram esse pequeno todo, ele assume o lugar de algo que, hoje, não veio. Um pensador investiga um detalhe do modo mais exato, cunha-o com nitidez para, todavia, mal poder dizer a que veio essa moeda. Ele oferece valores com estampilha que não têm vez no curso da economia burguesa, nem ainda qualquer outro curso pensável; visível é a significação anárquica — e a significação de um assombro que coleciona; sai recolhendo na desagregação; salva, mas sem nenhuma direção substancial. O mesmo olhar de desmoronamento faz o rio, em sua profusão, congelar-se no mesmo instante, solidifica-o (exceto sua direção), até mesmo eleatiza[2] a imaginação do mais variado entrelaçamento; isso torna esse filosofar uniformemente medúsico, conforme a definição de Medusa dada por Gottfried Keller como "a imagem paralisada da agitação". Porém, se a forma "revista" corre como um rio no filosofar surrealista, então vem completamente à luz, nas significações de ruínas salvas, outro "caleidoscópio". Pois os espaços ocos de nosso tempo (como aqueles do século XIX, cuja alegoria fantasma alçou-se por toda parte ao filosofar surrealista) não residem no próprio vazio, mas no reino da intenção concreta, da tendência material, que não é de modo algum indeterminada. A filosofia de Benjamin faz toda intenção morrer "a morte pela verdade", e a verdade se decompõe em "ideias" levadas ao repouso e em sua corte: as "imagens". Entretanto, justamente as imagens genuínas, as indicações penetrantes e as precisas profundezas desse livro, sua central marginalidade, bem como os achados de sua perfuração, não moram em conchas de caramujo ou em cavernas de

---

[2] *"Eleatisiert"*. Este neologismo faz referência ao pensamento de Parmênides, oriundo da cidade grega de Elea. Em contraste com a filosofia mobilista de Heráclito, na qual é frequente a metáfora do rio corrente, a filosofia de Parmênides é usualmente caracterizada como imobilista. (N. do T.)

Mitra[3] com uma placa de vidro à frente, mas no processo público, como figuras dialéticas de experimentação. O filosofar surrealista é paradigmático como polimento e montagem de fragmentos, os quais, no entanto, de modo pluralista e desconexo, permanecem tais quais. Esse filosofar é constitutivo enquanto montagem que contribui para a construção de ruas reais, com fileiras de casas, de tal maneira que não é a intenção mas, sim, o fragmento que morre pela verdade e é reaproveitado para o real; também ruas de mão única têm um alvo.

---

[3] Mitra era uma divindade de origem oriental cultuada especialmente em cavernas por legionários romanos entre os séculos I e IV. (N. do T.)

Rua de mão única de Walter Benjamin

Theodor W. Adorno

Naquele poema de *O sétimo anel* em que George[1] expressa sua gratidão à França, Mallarmé é elogiado como alguém que "sangra por sua imagem de pensamento". O termo "imagem de pensamento" [*Denkbild*], um holandesismo, substitui a palavra "ideia", desgastada pelo uso; isso envolve uma concepção de Platão oposta ao neokantismo, segundo a qual a ideia não é uma mera representação, mas um ente em si, que também pode, assim, contemplar a si mesmo, que também se deixa contemplar, mesmo que apenas espiritualmente e não apenas intelectualmente. O termo "imagem de pensamento" foi atacado severamente por Borchardt em sua resenha sobre George, e em alemão não teve sorte. Mas, assim como os livros, também as palavras que os compõem têm o seu destino. Enquanto a tradução alemã de "ideia" se mostrou impotente diante da tradição da língua, o impulso que inspirou a nova palavra continuou ativo. *Rua de mão única*, de Walter Benjamin, publicado pela primeira vez em 1928, não é, como pode parecer à primeira vista, um livro de aforismos, mas sim uma coleção de imagens de

---

[1] Stefan George (1868-1933), poeta alemão, autor do referido livro, publicado em 1907. George viveu em Paris e frequentou o círculo de Stéphane Mallarmé (1842-1898). (N. do T.)

pensamento; uma coletânea posterior de fragmentos em prosa de Benjamin, pertencentes também ao âmbito daqueles de *Rua de mão única*, traz justamente esse nome. É claro que o sentido da palavra se modificou. O sentido dado por Benjamin tem em comum com o sentido dado por George unicamente o fato de que são atribuídas à objetividade precisamente aquelas experiências que uma perspectiva trivial vê como meramente subjetivas e contingentes; mais do que isso, a própria subjetividade apenas pode ser concebida como manifestação de algo objetivo — as imagens mentais de Benjamin são pois "platônicas" da mesma maneira que se tem falado do "platonismo" de Marcel Proust, de cuja obra Benjamin se aproxima não somente como seu tradutor.

Mas as peças de *Rua de mão única* não são imagens como os mitos platônicos da caverna ou da carruagem. São antes imagens enigmáticas rabiscadas, em vez de analogias que evocam o que é indizível em palavras. São imagens que não querem apenas colocar um ponto de suspensão ao pensamento conceitual, mas sim produzir um choque pela sua forma enigmática, colocando assim o pensamento em movimento, pois ele, em sua forma conceitual tradicional, parece rígido, convencional e obsoleto. O que não se pode demonstrar no estilo habitual, e ainda assim se mostra urgente, deve estimular a espontaneidade e a energia do pensamento, provocando, sem que isso seja tomado literalmente, uma espécie de curto-circuito intelectual, que de repente ilumina o que é familiar, podendo mesmo provocar um incêndio.

Para esta forma filosófica era essencial encontrar um estrato em que espírito, imagem e linguagem se vinculassem. Essa forma filosófica, no entanto, é a do sonho. Por isso, o livro contém inúmeros relatos oníricos e reflexões sobre sonhos. Têm prioridade aí os conhecimentos que foram conquistados ao território onírico. Mas esse procedimento tem muito pouca semelhança com a interpretação freudiana dos sonhos, à qual de vez em quando Benjamin alude. Os sonhos não são postos como símbolos do inconsciente psíquico, mas são tomados literal e objetivamente. Em termos freudianos: o que importa é o conteúdo manifesto dos sonhos, e não o pensamento latente nos sonhos. A camada de sonhos entra em relação com o conhecimento pelo fato de que a forma de exposição procura conservar o tanto de verdade sufocada que os sonhos têm a anunciar. Não se trata de deduzir a origem psicológica dos sonhos, mas sim de levar em conta as advertências, semelhantes a provérbios mas extremamente atuais, que os sonhos fazem chegar a quem desperta, acenos que a razão costuma desprezar. O sonho se torna um meio de experiência não regulamentada, como fonte de conhecimento que se contrapõe à superfície do pensamento, dura como crosta. A reflexão é artificialmente excluída de muitas maneiras, a fisionomia dos objetos captada como em um instantâneo fotográfico — não porque o filósofo Benjamin teria desprezado a razão, mas porque somente através de tal ascese ele esperava poder recriar o próprio pensamento que o mundo se põe a erradicar dos homens. O absurdo é apresentado como se fosse óbvio, para despojar o óbvio de seu poder.

O fragmento "*Souterrain*" testemunha justamente essa intenção, assim como, tanto quanto permite a forma do assalto filosófico, de certo modo a delineia:

> Esquecemos há muito tempo o ritual sob o qual foi edificada a casa de nossa vida. Quando, porém, ela está para ser assaltada e as bombas inimigas já a atingem, que extenuadas, extravagantes antiguidades elas não põem a nu ali nos fundamentos! Quanta coisa não foi enterrada e sacrificada sob fórmulas mágicas, que apavorante gabinete de raridades lá embaixo, onde, para o mais cotidiano, estão reservadas as valas mais profundas. Em uma noite de desespero eu me vi em sonho renovar tempestuosamente

amizade e fraternidade com o primeiro companheiro de meu tempo de escola, que já há decênios não conheço mais e de quem mesmo nesse instante mal me lembrava. Ao despertar, porém, ficou claro para mim: o que o desespero, como uma explosão, tinha posto à luz do dia era o cadáver desse homem, que estava emparedado lá, parecendo dizer: quem mora aqui agora não deve assemelhar-se a ele em nada.

A técnica de *Rua de mão única* é próxima da técnica do jogador que havia em Benjamin, uma figura sobre a qual nunca parou de ruminar; o pensamento renuncia a qualquer aparência de segurança da organização intelectual, renuncia à derivação, à conclusão e à dedução, entregando-se inteiramente à sorte e ao risco de apostar na experiência e obter algo essencial. Não é apenas aí que reside o aspecto chocante do livro. No leitor predisposto à ironia o livro provoca as reações defensivas habituais, para em seguida lhe impelir a dizer que ele há muito tempo já sabia o que gostaria de negar, e justamente por isso o negava com tanta teimosia. Pois os números em que Benjamin apostou são sorteados com frequência, e o pensamento ganha muito mais do que aquilo que arriscou. Há experiências alegoricamente melancólicas, como esta: "Como transcorreu uma noitada com convidados, quem ficou por último vê com um olhar, pela posição dos pratos e xícaras, dos cálices e manjares". — Ou: "Unicamente conhece um ser humano aquele que o ama sem esperança". — Ou: "Dois seres que se amam apegam-se acima de tudo a seus nomes". A tristeza desses conhecimentos é o que faz com que sejam recalcados no cotidiano; mas essa tristeza é o selo de sua verdade.

No entanto, *Rua de mão única* não é constituído apenas por evidências daquilo que não pode ser deduzido. Às vezes fala uma razão transparente; mas, então, com uma força de impacto própria da afirmação sentenciosa, que não fica atrás daquela certeza onírica que se nutre da continuidade da vida inteira. Desse tipo são algumas definições da obra de arte que vão contra a visão documental: "A obra de arte é sintética: central de forças". — "À visão repetida uma obra de arte intensifica-se." As definições de Benjamin não são determinações conceituais fixas, mas tendem a ser eternizações do instante no qual a coisa alcança a si mesma. Uma formulação como a seguinte deveria acabar de uma vez por todas com um debate jurídico que volta hoje tal um fantasma: "O ato de matar o criminoso pode ser moral — jamais a justificação desse ato".

Entenderia *Rua de mão única* erroneamente quem o considerasse irracional em virtude de várias de suas escolhas metodológicas, ou mitologizante, por sua afinidade com o sonho. Pelo contrário, a imbricação dissimulada e, no entanto, desvendável da modernidade com a sociedade à qual pertence, interdependência que se intensifica no destino alienado de cada indivíduo, aparece a Benjamin precisamente como o mito do qual o pensamento deve se aproximar para se tornar senhor de sua própria força, e quebrar assim o feitiço do mito. Graças a essa intenção, *Rua de mão única* é o primeiro texto de Benjamin que pertence ao conjunto de escritos nos quais planeja uma história originária da modernidade. É nesse contexto que ele descreve o estilo dos móveis da segunda metade do século XIX:

> O interior burguês dos anos 1860 até 90, com seus gigantescos aparadores transbordando de objetos entalhados, os cantos sem sol, onde se ergue a palmeira, o balcão que a balaustrada fortifica e os longos corredores com a cantante chama de gás, torna-se adequado como moradia unicamente para o cadáver. "Neste sofá a tia só pode ser assassinada." A exuberância sem alma do mobiliário só se torna conforto verdadeiro diante do cadáver. Muito mais

interessante que o Oriente paisagístico, nos romances de crime, é aquele exuberante Oriente em seus interiores: o tapete persa e a otomana, o candeeiro suspenso e a nobre adaga caucasiana. Atrás das pesadas tapeçarias drapeadas o dono da casa celebra suas orgias com papéis da Bolsa, pode sentir-se como mercador oriental, como paxá corrupto no canato do mago corrupto, até que aquela adaga no pingente de prata sobre o divã, uma bela tarde, põe fim à sua sesta e a ele próprio.

Parente disso é a descrição de selos postais, um dos objetos preferidos dos surrealistas, pelos quais Benjamin demonstra simpatia em *Rua de mão única*:

> Selos são eriçados de cifrazinhas, letras diminutas, folhinhas e olhinhos. São tecidos celulares gráficos. Isso tudo fervilha entremeado e, como os animais inferiores, mesmo despedaçado continua a viver. Por isso se fazem de partículas de selos, que se colam juntas, imagens tão eficazes. Mas nelas a vida tem sempre a mescla da decomposição, como sinal de que está composta de matéria morta. Seus retratos e grupos obscenos estão atulhados de ossadas e de multidões de vermes.

Enquanto o pensamento de Benjamin penetra sem reservas mentais esse estrato mítico — a ponto de se apaixonar —, cada uma de suas frases, no entanto, treme diante do pressentimento enunciado como axioma em certo ponto do livro: o de que essa totalidade culpada esteja perecendo, seja por si mesma, seja pelas forças que a invadem de fora. A vontade que domina em *Rua de mão única* é a de, em face do poder hegemônico do existente, fortalecer a si mesma, ainda que sem esperança: as mensagens mitológicas que se ouvem a partir dos sonhos são quase sempre as de uma disciplina não sentimental que se desapega de qualquer ilusão de interioridade e segurança, um "aposte tudo para poder ganhar". A memória pensante quer aprender com a dureza do mundo pré-histórico a superar a dureza do mundo contemporâneo. O curso do mundo forçou Benjamin, cujo gênio era em princípio afastado da política e metafísico, a converter seus impulsos em impulsos políticos. Essa desistência lhe foi recompensada — já durante a inflação dos anos que se seguiram a 1918 — com intuições sociais ainda hoje tão válidas como antes, e nas quais está encerrado o prognóstico da catástrofe que acabou vitimando o próprio Benjamin. Pode-se ler isso em "Viagem através da inflação alemã": "Um estranho paradoxo: as pessoas só têm em mente o mais estreito interesse privado quando agem, mas ao mesmo tempo são determinadas mais que nunca em seu comportamento pelos instintos da massa. E mais que nunca os instintos de massa se tornaram desatinados e alheios à vida".

O olhar saturnino de Benjamin se debruça sobre o conjunto desse desastre anunciado no horizonte, e parece, às vezes, sucumbir àquilo que Anna Freud chamou de identificação com o agressor, por exemplo, naquela passagem em que renega o conceito de crítica e, em nome da práxis coletiva num movimento por demais próximo ao espírito da época, o confronta com aquilo que ele próprio mais temia. De todas as frases de *Rua de mão única*, esta é a mais melancólica: "Repetidamente se mostrou que seu apego à vida habitual, agora já perdida há muito tempo, é tão rígido que frustra a aplicação propriamente humana do intelecto, a previdência, mesmo no perigo drástico". A mais melancólica justamente porque o próprio Benjamin, que não queria nada mais que, a partir do sonho, ouvir a voz que traz o despertar saudável, foi privado precisamente dessa salvação. Mas é somente através da total entrega ao objeto, até a literal extinção de si mesmo, que foi possível alcançar as intuições de *Rua de mão única*. Esse livro extraordinário resolve ele próprio o seu enigma nas palavras com que descreve o portal de Andrea Pisano intitulado *Spes*: "Está sentada e, desvalida, ergue os braços em direção a um fruto que lhe permanece inalcançável. Contudo é alada. Nada é mais verdadeiro".

Sobre os textos

A "Introdução" de Jeanne Marie Gagnebin foi publicada originalmente em francês, numa primeira versão, em *Itinera — rivista di filosofia e teoria delle arti*, Milão, nº 14, 2017, sob o título "En chantier": <https://riviste.unimi.it/index.php/itinera/issue/view/1170>.

Rua de mão única foi publicado pela editora Ernst Rowohlt, de Berlim, em 1928. A versão de Rubens Rodrigues Torres Filho, adotada para esta edição de comum acordo com o tradutor, foi publicada originalmente em Walter Benjamin, *Obras escolhidas II — Rua de mão única*, pela editora Brasiliense, em 1987.

"Nápoles", de Asja Lacis e Walter Benjamin, foi publicado originalmente no *Frankfurter Zeitung*, em 19 de agosto de 1925. Integrou depois o conjunto *Denkbilder* [Imagens de pensamento] em Walter Benjamin, *Gesammelte Schriften*, t. IV, vol. 2, da editora Suhrkamp, de Frankfurt, em 1972. A presente tradução é de Jorge de Almeida.

"Capri 1924 — Benjamin — 'Nápoles'" é parte do livro de memórias de Asja Lacis, *Revolutionär im Beruf: Berichte über proletarisches Theater, über Meyerhold, Brecht, Benjamin und Piscator* (Munique, Rogner & Bernhard, 1971). O trecho para a presente edição foi traduzido por Lenin Bicudo Bárbara.

"Sobre os escritos de Walter Benjamin", de Siegfried Kracauer, foi publicado originalmente no *Frankfurter Zeitung*, em 15 de julho de 1928. O texto integrou posteriormente o livro *Das Ornament der Masse* (Frankfurt, Suhrkamp, 1963). A tradução é de Vicente de Arruda Sampaio.

Sobre os textos

"A forma de revista na filosofia", de Ernst Bloch, foi publicado originalmente no *Vossische Zeitung*, em 1º de agosto de 1929. A presente versão, traduzida por Vicente de Arruda Sampaio, foi revista e aumentada por Bloch, tendo integrado o volume *Erbschaft dieser Zeit* (Zurique, Oprecht & Helbling, 1935).

"*Rua de mão única* de Walter Benjamin", de Theodor W. Adorno, foi publicado na revista literária *Texte und Zeichen*, caderno I, 1955, por ocasião do lançamento da 2ª edição de *Rua de mão única* (Frankfurt, Suhrkamp, 1955). O artigo integrou posteriormente o volume póstumo de Adorno, *Über Walter Benjamin* (Frankfurt, Suhrkamp, 1970). A tradução é de Jorge de Almeida.

Excetuando a tradução de *Rua de mão única*, todas as demais tiveram revisão técnica de Jeanne Marie Gagnebin.

Sobre o autor

Walter Benjamin nasceu em 15 de julho de 1892, na cidade de Berlim, Alemanha. Em 1912 inicia seus estudos de filosofia, primeiramente em Freiburg e, mais tarde, em Berlim — onde, durante alguns meses, em 1914, assume a presidência da União Livre dos Estudantes — e Munique. Em 1917, Benjamin casa-se com Dora Sophie Pollak e, para evitar o serviço militar, mudam-se para a Suíça, onde conclui seu doutorado — *O conceito de crítica de arte no romantismo alemão* (1919) — na Universidade de Berna. No ano seguinte retorna à Alemanha, onde sobrevive com dificuldades. Em 1923, obtém apoio financeiro do pai para redigir sua tese de livre-docência, *Origem do drama barroco alemão* (1925), que será recusada pela Universidade de Frankfurt. Nessa época, seus principais interlocutores são Gershom Scholem e Ernst Bloch.

A partir do encontro em Capri com Asja Lacis, assistente teatral de Bertolt Brecht, em 1924, orienta suas leituras na direção do marxismo. No início dos anos 1930, concebe as bases de sua obra mais ambiciosa, que permanecerá inconclusa, *O trabalho das passagens*. Em 1933, com a perseguição aos judeus, foge da Alemanha, passando a levar uma vida precária e nômade, hospedando-se em pensões de Paris, Ibiza, San Remo ou na casa de amigos — como Brecht, com quem passará pelo menos duas temporadas em Svendborg, na Dinamarca. Sobrevive escrevendo artigos para *Frankfurter Zeitung* e *Literarische Welt* e ensaios para a revista do Institut für Sozialforschung, dirigido por Theodor W. Adorno e Max Horkheimer. Em 1940, na iminência da invasão de Paris pelas tropas alemãs, Benjamin confia vários de seus escritos a Georges Bataille, que os guarda na Biblioteca Nacional, e foge para o sul da França. Na noite de 26 para 27 de setembro, em Port-Bou, na fronteira com a Espanha, suicida-se ingerindo tabletes de morfina.

Sobre o autor

Publicou:

Crítica

Der Begriff der Kunstkritik in der deutschen Romantik [O conceito de crítica de arte no romantismo alemão]. Berna: Francke, 1920.

Ursprung des deutschen Trauerspiels [Origem do drama barroco alemão]. Berlim: Rowohlt, 1928.

Einbahnstrasse [Rua de mão única]. Berlim: Rowohlt, 1928.

Deutsche Menschen [Personalidades alemãs] (org.). Lucerna: Vita Nova, 1936 [sob o pseudônimo de Detlef Holz].

Gesammelte Schriften [Escritos reunidos]. Rolf Tiedemann & Hermann Schweppenhäuser (orgs.). Frankfurt: Suhrkamp, 7 vols.:

I. 1, 2, 3: *Abhandlungen* [Tratados]. Rolf Tiedemann & Hermann Schweppenhäuser (orgs.), 1974.

II. 1, 2: *Aufsätze, Essays, Vorträge* [Textos, ensaios, conferências]. Rolf Tiedemann & Hermann Schweppenhäuser (orgs.), 1977.

III: *Kritiken und Rezensionen* [Críticas e resenhas]. Hella Tiedemann-Bartels (org.), 1972.

IV. 1, 2: *Kleine Prosa, Baudelaire-Übertragungen* [Pequenos textos em prosa, traduções de Baudelaire]. Tillman Rexroth (org.), 1972.

V. 1, 2: *Das Passagen-Werk* [O trabalho das passagens]. Rolf Tiedemann (org.), 1982.

VI: *Fragmente vermischten Inhalts. Autobiographische Schriften* [Fragmentos diversos. Escritos autobiográficos]. Rolf Tiedemann & Hermann Schweppenhäuser (orgs.), 1985.

VII. 1, 2: *Nachträge* [Adendos]. Rolf Tiedemann & Hermann Schweppenhäuser (orgs.), 1989.

Obras publicadas no Brasil

"A obra de arte na época de sua reprodutibilidade técnica", *Revista da Civilização Brasileira*, ano IV, nº 19-20. Tradução de Carlos Nelson Coutinho. Rio de Janeiro: Civilização Brasileira, 1968 [tradução do francês].

"A obra de arte na época de sua reprodutibilidade técnica", in *Teoria da cultura de massa*. Organização de Luiz Costa Lima. Rio de Janeiro: Saga, 1969.

"A obra de arte na época de suas técnicas de reprodução", in *A ideia do cinema*.

Seleção, tradução e prefácio de José Lino Grünewald. Rio de Janeiro: Civilização Brasileira, 1969; 2ª edição, 1975 [tradução do francês].

"A obra de arte no tempo de suas técnicas de reprodução", in *Sociologia da arte IV*. Organização de Gilberto Velho. Rio de Janeiro: Zahar, 1969.

"Uma profecia de Walter Benjamin", in *Mallarmé*. Organização e tradução de Augusto de Campos, Décio Pignatari e Haroldo de Campos. São Paulo: Perspectiva, 1974 [tradução de Haroldo de Campos e Flávio R. Khote de alguns trechos de *Rua de mão única*: "Revisor de livros juramentados" e "Material didático"].

"Paris, capital do século XIX", in *Teoria da literatura em suas fontes*. Organização de Luiz Costa Lima. Tradução de Maria Cecília Londres. Rio de Janeiro: Francisco Alves, 1975; 2ª edição, 1983 [tradução do francês].

A modernidade e os modernos. Tradução de Heindrun Krieger Mendes da Silva, Arlete de Brito e Tania Jatobá. Rio de Janeiro: Tempo Brasileiro, 1975.

Benjamin, Adorno, Horkheimer, Habermas. São Paulo: Abril Cultural, 1975 (Coleção Os Pensadores) ["A obra de arte na época de suas técnicas de reprodução", tradução de José Lino Grünewald; "Sobre alguns temas em Baudelaire", tradução de Edson Araújo Cabral e José Benedito de Oliveira Damião (tradução do italiano); "O narrador", tradução de Modesto Carone; "O surrealismo", tradução de Erwin Theodor Rosenthal].

Origem do drama barroco alemão. Tradução, apresentação e notas de Sergio Paulo Rouanet. São Paulo: Brasiliense, 1984. Nova edição: *Origem do drama trágico alemão*. Tradução de João Barrento. Belo Horizonte: Autêntica, 2011.

Haxixe. Apresentação de Olgária C. F. Matos. Tradução de Flávio de Menezes e Carlos Nelson Coutinho. São Paulo: Brasiliense, 1984. Nova edição: *Imagens de pensamento/Sobre o haxixe e outras drogas*. Tradução de João Barrento. Belo Horizonte: Autêntica, 2013.

Reflexões: a criança, o brinquedo e a educação. Tradução de Marcus Vinicius Mazzari. São Paulo: Summus, 1984. Nova edição: *Reflexões sobre a criança, o brinquedo e a educação*. Tradução, apresentação e notas de Marcus Vinicius Mazzari. Posfácio de Flávio Di Giorgi. São Paulo: Duas Cidades/Editora 34, 2002; 2ª edição, 2009.

Obras escolhidas I — Magia e técnica, arte e política. Tradução de Sergio Paulo Rouanet. Prefácio de Jeanne Marie Gagnebin. São Paulo: Brasiliense, 1985; 10ª edição, 1996.

Sobre o autor

Documentos de cultura, documentos de barbárie: escritos escolhidos. Organização e apresentação de Willi Bolle. Tradução de Celeste H. M. Ribeiro de Souza et al. São Paulo: Edusp/Cultrix, 1986.

Obras escolhidas II — Rua de mão única. Infância em Berlim por volta de 1900. Imagens do pensamento. Tradução de Rubens Rodrigues Torres Filho e José Carlos Martins Barbosa. São Paulo: Brasiliense, 1987; 5ª edição, 1995. Nova edição: *Rua de mão única. Infância berlinense: 1900.* Tradução de João Barrento. Belo Horizonte: Autêntica, 2013.

Obras escolhidas III — Charles Baudelaire: um lírico no auge do capitalismo. Tradução de José Carlos Martins Barbosa e Hemerson Alves Baptista. São Paulo: Brasiliense, 1989; 3ª edição, 1995.

Diário de Moscou. Organização de Gary Smith. Prefácio de Gershom Scholem. Tradução de Hildegard Herbold. São Paulo: Companhia das Letras, 1989.

"A tarefa do tradutor", *Cadernos do Mestrado/Literatura,* nº 1. Tradução coletiva. Rio de Janeiro: UERJ, 1992.

O conceito de crítica de arte no romantismo alemão. Tradução, prefácio e notas de Márcio Seligmann-Silva. São Paulo: Iluminuras/Edusp, 1993; 2ª edição, 1999.

Correspondência 1933-1940, de Walter Benjamin e Gershom Scholem. Tradução de Neusa Soliz. São Paulo: Perspectiva, 1993.

"O sentido da linguagem no drama (Lutilúdio) e na tragédia", "Lutilúdio (*Trauerspiel*) e tragédia", "Destino e caráter", in *Peter Szondi e Walter Benjamin: ensaios sobre o trágico,* vol. II. Organização de Kathrin Rosenfield. Tradução de Kathrin Rosenfield e Christian Werner. *Cadernos do Mestrado/Literatura,* nº 12. Rio de Janeiro: UERJ, 1994.

Passagens. Introdução de Rolf Tiedemann. Coordenação da edição brasileira de Willi Bolle. Posfácio de Olgária C. F. Matos e Willi Bolle. Tradução de Irene Aron (alemão) e Cleonice P. B. Mourão (francês). Belo Horizonte/São Paulo: Editora UFMG/Imprensa Oficial do Estado de São Paulo, 2006.

Ensaios reunidos: escritos sobre Goethe. Tradução de Mônica Krausz Bornebusch, Irene Aron e Sidney Camargo. Supervisão e notas de Marcus Vinicius Mazzari. São Paulo: Duas Cidades/Editora 34, 2009.

Escritos sobre mito e linguagem (1915-1921). Organização, apresentação e notas de Jeanne Marie Gagnebin. Tradução de Susana Kampff Lages e Ernani Chaves. São Paulo: Duas Cidades/Editora 34, 2011; 2ª edição, 2013.

Sobre o autor

O anjo da história. Organização e tradução de João Barrento. Belo Horizonte: Autêntica, 2012.

Correspondência 1928-1940 Adorno-Benjamin. Apresentação de Olgário Matos. Tradução de José Marcos Mariani de Macedo. São Paulo: Editora Unesp, 2012.

A obra de arte na era de sua reprodutibilidade técnica. Tradução, apresentação e notas de Francisco De Ambrosis Pinheiro Machado. Porto Alegre: Zouk, 2012.

O capitalismo como religião. Organização de Michael Löwy. Tradução de Nélio Schneider. São Paulo: Boitempo, 2013.

Baudelaire e a modernidade. Tradução de João Barrento. Belo Horizonte: Autêntica, 2015.

A hora das crianças: narrativas radiofônicas. Tradução de Aldo Medeiros. Rio de Janeiro: Nau, 2015.

Estética e sociologia da arte. Tradução de João Barrento. Belo Horizonte: Autêntica, 2017.

Ensaios sobre Brecht. Tradução de Claudia Abeling. Posfácio de Rolf Tiedemann. São Paulo: Boitempo, 2017.

A arte de contar histórias. Organização e posfácio de Patrícia Lavelle. Tradução de Georg Otte, Marcelo Backes e Patrícia Lavelle. São Paulo: Hedra, 2018.

Diário parisiense e outros escritos. Organização e tradução de Carla Milani Damião e Pedro Hussak. São Paulo: Hedra, 2020.

Sobre Germaine Krull, Sasha Stone e Asja Lacis

Germaine Luise Krull (1897-1985), filha de alemães, nasceu em Poznan, na Polônia — na ocasião, a cidade fazia parte da Alemanha. Passou a infância em vários países europeus, sem educação formal, em uma família de costumes avançados para a época. Estudou fotografia em Munique entre 1915 e 1917 e já em 1918 montou seu primeiro estúdio, iniciando uma das trajetórias mais inovadoras em seu campo de atuação ao longo do século XX. Nesse período, tornou-se amiga do poeta Rainer Maria Rilke e também de Friedrich Pollock e Max Horkheimer, futuros integrantes do Instituto para Pesquisa Social. Atuou no Partido Socialista Independente, filiando-se em seguida ao Partido Comunista Alemão. Em 1920, foi expulsa da Baviera por suas atividades políticas e partiu para a União Soviética onde, um ano depois, também foi expulsa por sua militância. Nos anos de 1922 a 1925, estabeleceu-se em Berlim como fotógrafa profissional crescentemente reconhecida e depois mudou-se para a Holanda, onde conheceu o diretor de cinema Joris Ivens — ele e Krull foram casados de 1927 a 1943. Krull passou a viver em Paris a partir de 1925, trabalhando em fotografia de moda, publicitária, nus femininos e retratos. Nesse período, conviveu com artistas como André Malraux, Colette, Jean Cocteau, André Gide, Sonia e Robert Delaunay. Em 1928, como parte do movimento alemão da Nova Objetividade, publicou *Métal*. Com fotografias urbano-industriais inovadoras, o livro foi o primeiro de vários que publicou ao longo da carreira, alguns hoje considerados como marcos na arte fotográfica. Walter Benjamin cita o trabalho de Krull em sua "Pequena história da fotografia" (1931). De 1928 a 1931, dedicou-se ao fotojornalismo — Paris, suas feiras populares e moradores de rua eram temas de predileção —, no qual também foi pioneira. Após o início da Segunda Guerra e do regime de Vichy, juntou-se às forças da França Livre na África. Entre 1941 e 1942, por sugestão de Florent Fels, embaixador da França no Brasil e amigo de Blaise Cendrars, chegou a viver durante um ano no Rio de Janeiro — dessa estada resultou o livro *Ouro Preto, uma cidade antiga do Brasil*, com prefácios de Raul Lino e Ribeiro Couto (Lisboa, Edições Atlântico, 1943). Com o fim do conflito mundial, viajou e fotografou pelo sudeste asiático, vivendo quase até o final da vida na Tailândia e na Índia, onde tornou-se adepta do budismo. Faleceu na Alemanha em 1985. (Fontes: Michel Frizot, *Germaine Krull*, Paris, Jeu de Paume/Hazan, 2015; Germaine Krull e Jacques Rémy, *Un voyage: Marseille-Rio 1941*, Paris, Stock, 2019.)

Sasha Stone (1895-1940), judeu russo nascido em São Petersburgo, foi um fotógrafo de destaque nos anos 1920-30. Como Germaine Krull, foi ligado ao movimento alemão da Nova Objetividade, além de escultor e pintor. Após viver em Varsóvia, Nova York e Paris, fixou-se em Berlim em 1922. Publicou fotos em periódicos do surrealismo como *Varietés* e *Bifur*. Após o agravamento de uma doença, faleceu em Perpignan, França, em fuga para o exílio, na mesma rota dos Pireneus em que morreu Walter Benjamin.

Asja Lacis (1891-1979) nasceu Anna Liepinna em Kempji, Letônia. Desde cedo, no ambiente de pequenos artesãos e operários onde foi criada, interessou-se pela literatura e pelo teatro. De seu pai, Ernest Liepins, herdaria o gosto pelo engajamento político. E dele ganharia, aos 14 anos, o livro *A mulher e o socialismo*, de August Bebel. Em Riga, Lacis estudou no Kenins-Gymnasium, escola cujo quadro docente estava ligado ao meio artístico letão. Entre 1912 e 1918, vai com seu futuro marido Julijs Lacis (1892-1941) a São Petersburgo e Moscou, formando-se em instituições pedagogicamente inovadoras — com Julijs, teria Dagmara Kimele, sua única filha. Durante esses anos, acompanhou a vida cultural russa, notadamente as manifestações de vanguarda como o teatro de Meyerhold e Stanislávski, bem como as leituras públicas de Maiakóvski. Em 1917, Asja Lacis aderiu imediatamente à Revolução. Um ano depois, em Oriol, antiga cidade ao sul de Moscou, começou a trabalhar com teatro infantil em atividades com os *besprisorniki*, órfãos desamparados que viviam em bandos pelas cidades russas durante a Guerra Civil — mais tarde, essa experiência será teorizada por Walter Benjamin no "Programa de um teatro infantil proletário". De volta a Riga em 1921, atuou intensamente nos coletivos teatrais de trabalhadores. Foi pela primeira vez a Berlim no ano seguinte, onde colaborou, entre outros artistas, com o cineasta Fritz Lang. Nessa estada também conheceu seu companheiro Bernhard Reich, que então trabalhava com o encenador Max Reinhardt. Em 1923, Lacis e Reich foram a Munique, onde participaram de montagens do jovem dramaturgo Bertolt Brecht, além de conviverem com pessoas de seu círculo como Caspar Neher, Lion Feuchtwanger, Paul Dessau, Hans Eisler, Kurt Weil, Elisabeth Hauptmann e Helene Weigel. Nessa época, o casal foi um importante elo entre a cultura alemã de esquerda e as vanguardas artísticas da União Soviética. Asja Lacis conheceu Walter Benjamin em 1924, numa temporada em Capri, na Itália — na época um lugar bastante isolado e barato, mas onde havia também uma escola do Partido Comunista criada por Maksim Górki, que ali viveu entre 1909 e 1913. Benjamin tentava concluir sua tese sobre o drama barroco alemão e Lacis buscava um clima mais ameno para Dagmara, que tinha problemas pulmonares. A relação de ambos aproximou o pensador do marxismo e das questões de toda ordem suscitadas pela Revolução Russa. Por Capri e Nápoles passaram também nessa época, entre outros, Bertolt Brecht, Theodor W. Adorno, Siegfried Kracauer, Alfred Sohn-Rethel, Ernst Bloch e Caspar Neher. Entre 1925 e 1927, após retornar a Moscou na companhia de Reich, Lacis participou de experiências com playgrounds e cinema para crianças, sendo que desta última resulta o livro *Crianças e cinema* (1928), em coautoria com Ludmilla Keilina. Na época sofre um colapso nervoso que a obriga a internar-se em uma clínica. Em 1928, Lacis volta a Berlim como parte da delegação responsável por divulgar os filmes soviéticos e morou alguns meses com Walter Benjamin. Ambos participaram de círculos de escritores de esquerda e de discussões no meio teatral de trabalhadores. No ano seguinte, Lacis apresenta Benjamin a Brecht e seus colaboradores. Algum tempo depois, Lacis retornou a Moscou, onde reencontrou Bernhard Reich para continuarem o próprio trabalho teatral, dirigindo, ensinando, escrevendo e estudando ao longo de toda a década de 1930. Com o endurecimento do stalinismo, Lacis foi presa em 1938, cumprindo pena inicialmente em Butirka e depois em campos de trabalhos forçados no Cazaquistão, sendo que em um deles conseguiu organizar um coletivo teatral feminino. Foi solta somente em 1948 e voltou à Letônia para trabalhar no Teatro Dramático de Valmiera, onde retomou o contato com Brecht e soube da morte de Benjamin. Lacis aposentou-se em 1958 e até 1979, quando faleceu, escreveu artigos e trabalhou na redação de suas memórias. (Fontes: Andris Brinkmanis, "Constellation Asja", *e-flux journal*, jun. 2020; Lígia M. C. S. Cortez, *De Asja Lacis à Casa do Teatro: teoria e práticas do teatro com e para crianças*, Tese de Doutorado, FFLCH-USP, 2018.)

Índice dos textos de *Rua de mão única*

1) Posto de gasolina (*Tankstelle*), 33
2) Sala de desjejum (*Frühstücksstube*), 33
3) Nº 113 (*Nr. 113*), 34
4) Para homens (*Für Männer*), 36
5) Relógio principal (*Normaluhr*), 36
6) Volte para casa! Tudo perdoado! (*Kehre zurück! Alles vergeben!*), 36
7) Casa mobiliada. Principesca. Dez cômodos (*Hochherrschaftlich möblierte Zehnzimmerwohnung*), 37
8) Porcelanas da China (*Chinawaren*), 38
9) Luvas (*Handschuhe*), 39
10) Embaixada mexicana (*Mexikanische Botschaft*), 40
11) Estas plantas são recomendadas à proteção do público (*Diese Anpflanzungen sind dem Schutze des Publikums empfohlen*), 41
12) Canteiro de obra (*Baustelle*), 42
13) Ministério do Interior (*Ministerium des Innern*), 43
14) Bandeira... (*Flagge —*), 43
15) ... A meio pau (*— auf Halbmast*), 44
16) Panorama imperial (*Kaiserpanorama*), 44
17) Trabalhos de subsolo (*Tiefbau-Arbeiten*), 51
18) Cabeleireiro para damas difíceis (*Coiffeur für penible Damen*), 52
19) Atenção: degraus! (*Achtung Stufen!*), 52
20) Guarda-livros juramentado (*Vereidigter Bücherrevisor*), 53
21) Material escolar (*Lehrmittel*), 55
22) Alemão bebe cerveja alemã! (*Deutsche trinkt deutsches Bier!*), 56
23) Proibido colar cartazes! (*Ankleben verboten!*), 56
24) Nº 13 (*Nr. 13*), 60
25) Armas e munição (*Waffen und Munition*), 62
26) Primeiros socorros (*Erste Hilfe*), 62
27) Arquitetura interna (*Innenarchitektur*), 63

Índice dos textos de *Rua de mão única*

28) Artigos de papelaria (*Papier- und Schreibwaren*), 63
29) Artigos de fantasia (*Galanteriewaren*), 64
30) Ampliações (*Vergrösserungen*), 65
31) Antiguidades (*Antiquitäten*), 69
32) Relógios e ourivesaria (*Uhren und Goldwaren*), 71
33) Lâmpada de arco (*Bogenlampe*), 72
34) Loggia (*Loggia*), 72
35) Guichê de achados e perdidos (*Fundbüro*), 73
36) Parada para não mais de três carruagens (*Halteplatz für nicht mehr als 3 Droschken*), 73
37) Monumento ao guerreiro (*Kriegerdenkmal*), 74
38) Alarme de incêndio (*Feuermelder*), 75
39) Lembranças de viagem (*Reiseandenken*), 76
40) Oculista (*Optiker*), 79
41) Brinquedos (*Spielwaren*), 80
42) Policlínica (*Poliklinik*), 86
43) Estas áreas são para alugar (*Diese Flächen sind zu vermieten*), 86
44) Artigos de escritório (*Bürobedarf*), 87
45) Fardos: expedição e empacotamento (*Stückgut: Spedition und Verpackung*), 88
46) Fechado para reforma! (*Wegen Umbau geschlossen!*), 89
47) Restaurante automático "Augias" (*"Augias" Automatisches Restaurant*), 89
48) Comércio de selos (*Briefmarken-Handlung*), 90
49) Si parla italiano (*Si parla italiano*), 93
50) Primeiros socorros técnicos (*Technische Nothilfe*), 94
51) Quinquilharias (*Kurzwaren*), 94
52) Conselho fiscal (*Steuerberatung*), 95
53) Assistência judiciária para indigentes (*Rechtsschutz für Unbemittelte*), 96
54) Sineta noturna para médico (*Nachtglocke zum Arzt*), 97
55) Madame Ariane, segundo pátio à esquerda (*Madame Ariane zweiter Hof links*), 97
56) Vestiário de máscaras (*Masken-Garderobe*), 99
57) Agência de apostas (*Wettannahme*), 100
58) Cervejaria (*Stehbierhalle*), 101
59) Mendigos e ambulantes proibidos! (*Betteln und Hausieren verboten!*), 103
60) A caminho do planetário (*Zum Planetarium*), 103

SOBRE A ORGANIZADORA

Jeanne Marie Gagnebin nasceu em Lausanne, na Suíça, em 1949. Após estudar filosofia, literatura alemã e grego antigo na Universidade de Genebra, concluiu o doutorado em filosofia na Universidade de Heidelberg, na Alemanha, em 1977. Vive e leciona no Brasil desde 1978, tendo realizado estágios de pós-doutorado em Constança, Berlim e Paris. É professora titular de filosofia na PUC-SP e livre-docente em teoria literária na Unicamp. Atualmente é responsável pela organização dos volumes e coordenação da tradução dos escritos de Walter Benjamin na Editora 34. É autora de *Zur Geschichtsphilosophie Walter Benjamins* (Erlangen, Palm & Enke, 1978), *Walter Benjamin: os cacos da História* (São Paulo, Brasiliense, 1982; 2ª ed., São Paulo, n-1 edições, 2018), *Histoire et narration chez Walter Benjamin* (Paris, L'Harmattan, 1994; ed. bras., *História e narração em Walter Benjamin*, São Paulo, Perspectiva, 1994), *Sete aulas sobre linguagem, memória e história* (Rio de Janeiro, Imago, 1997; 2ª ed., 2005), *Lembrar escrever esquecer* (São Paulo, Editora 34, 2006) e *Limiar, aura e rememoração* (São Paulo, Editora 34, 2014).

SOBRE O TRADUTOR

Rubens Rodrigues Torres Filho nasceu em Botucatu, SP, em 1942. Estudou filosofia na Universidade de São Paulo, onde se doutorou em 1967, com a tese *O espírito e a letra: a crítica da imaginação pura em Fichte*, depois publicada em livro (São Paulo, Ática, 1975). Ensinou história da filosofia moderna na mesma universidade de 1965 a 1994. Como tradutor, verteu para o português autores como Kant, Fichte, Schelling, Nietzsche, Novalis e Benjamin. Seus ensaios filosóficos estão reunidos em *Ensaios de filosofia ilustrada* (São Paulo, Brasiliense, 1987; 2ª ed., São Paulo, Iluminuras, 2004). Estreou como poeta ainda nos tempos de estudante, com o livro *Investigação do olhar* (São Paulo, Massao Ohno, 1963); publicou sete volumes de poesia, reunidos no último deles, *Novolume* (São Paulo, Iluminuras, 1997).

Este livro foi composto
em Adobe Garamond pela
Franciosi & Malta,
com CTP e impressão
da Edições Loyola
em papel Pólen Natural
80 g/m² da Cia. Suzano de
Papel e Celulose para a
Duas Cidades/Editora 34,
em julho de 2023.